黑潭寺　大山寺

朱圓山

双明洞

見龍堡

天門山

龍君廟　大冬山　文昌閣

主编 释本逢

甘肃大佛

刘炳森题

文物出版社

摄　　　影：凌海成
封面设计：殷金花
责任编辑：孙　霞
责任印制：张道奇

图书在版编目（CIP）数据

甘谷大佛 / 释本逢主编. -- 北京：文物出版社，2012.7
ISBN 978-7-5010-3504-5

Ⅰ.①甘… Ⅱ.①释… Ⅲ.①名胜古迹—介绍—甘谷县
Ⅳ.①K928.704.24

中国版本图书馆CIP数据核字(2012)第159154号

甘谷大佛

释本逢　主编

*

文物出版社出版发行
（北京市东直门内北小街2号楼）
（邮政编码：100007）
http://www.wenwu.com
E-mail: web@wenwu.com
天津市慧翔华瑞林彩印包装有限公司
新华书店经销
889×1194　1/16　印张：14.875
2012年7月第1版　2012年7月第1次印刷
ISBN 978-7-5010-3504-5　定价：298.00元

编委会

顾　　问：张智文　贾忠慧　衡　斌
　　　　　申君明　王玺卿

名誉主编：释演觉
总　　编：李爱菊
主　　编：释本逢
副 主 编：释觉平
执行主编：凌海成
执行副主编：马高鹏　朱学东

编委（按姓氏笔画）：
马高鹏　王来全　王文娟　朱学东　李爱菊　李　春
张宁生　凌海成　释演觉　释本逢　释觉平　释海阔
释觉融　释昌文　雅　南

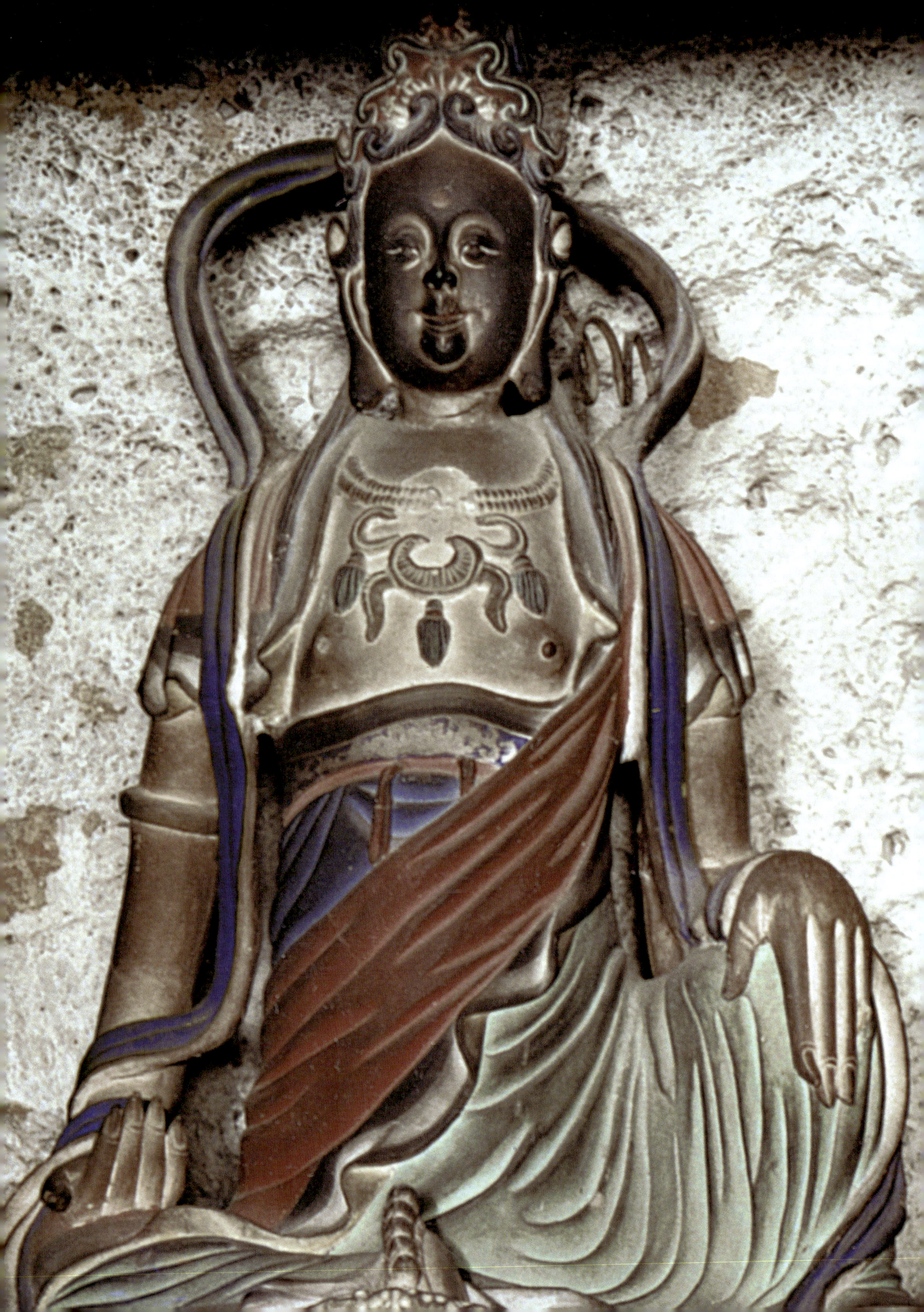

目 录

序 / 9

名家题词 / 10

华夏第一县——甘谷 / 15

丝路明珠——大像山 / 21

十方丛林——大像山永明寺 / 61

景象清幽——显龙洞 / 95

晨曦晓辉——朝阳洞 / 103

云崖石窟——金仙寺 / 105

朱壁奇观——华盖寺 / 125

天门春晓——报恩寺 / 141

雨花台胜境——蔡家寺 / 155

清净庄严——海渊寺 / 169

像山白云——普济寺 / 179

甘霖法雨——慈云寺 / 183

丹墀旭日——觉皇寺 / 187

盛金黛岑——南山寺 / 193

青灯古佛——青莲寺 / 199

秋涛古韵——黑潭寺 / 203

南山屏嶂——磐安三寺 / 213

林海松涛——尖山寺 / 221

弘法化生——弘化寺 / 223

梵音法语——楹联诗词 / 227

法师简价 / 232

后记 / 236

序

甘谷是我的家乡。

甘谷也是伏羲以及许许多多古代圣人贤哲的家乡，提起他们的名字，无不如雷贯耳。

甘谷地处我国西北部，十多年前还很贫穷。于是我在1998年邀请了首都佛教界、学术界、新闻界、艺术界的一些专家学者到甘谷考察，目的是为甘谷的发展敬献报恩之心。2000年由李家振策划，李爱菊主编，凌海成、王来泉、张宁生等摄影撰稿的《丝路古城》一书出版，是其成果之一。但由于篇幅所限，那本书未能充分反映甘谷悠久的历史和丰富的文化。近年，我一直希望编辑出版一本大型画册，以介绍甘谷的历史文化。好多年前就早早请刘炳森居士题写了"甘谷大佛"四字。后又礼请中国佛教协会名誉会长一诚长老题写了同样的四个字。所幸十多年前拍摄的照片以及后来陆续补拍的照片都被完整保存下来。现在，由甘谷高僧本逢法师主编、文物出版社出版的《甘谷大佛》问世了，我感到由衷的高兴。我视为挚友的凌海成居士以及前前后后为《甘谷大佛》呕心沥血、鼎力相助的所有朋友、道友都是值得赞叹的。

在经济高速发展的今天，发达地区新建的寺院如雨后春笋，无不功能齐全、雄伟壮观、辉煌至极。《甘谷大佛》中的佛寺、佛窟却迥然不同。山村寺院什么样，荒野寺院什么样，佛窟什么样，禅窟什么样，以及偏远地区修行人是怎样生活的，书中都有展示。这里的人、物、事都很单纯，很质朴，所谓古风犹存之地也！读者看书固然可以神游，但我还是建议有兴趣的人亲自去一趟甘谷，亲眼看看那里的风土人情，亲自登登悬崖峭壁，再钻钻佛窟禅窟，你一定会有特殊感受。

今年是甘谷建县二千七百年，这在中国首屈一指，在世界上恐怕也绝无仅有。现在万缘聚合，大家齐力把《甘谷大佛》赶印出来，目的就是献上一份礼，献上一颗心。

希望家乡更美丽、更丰饶！

谨此为序。

演觉

2012年5月

名家题词

大象山

原中国佛教协会会长赵朴初题字

甘谷大佛

原中国佛教协会会长一诚法师题字

贺甘谷大佛出版

象教東傳丝綢道華夏文明渭水長甘谷大佛耀千載福佑神州降吉祥

北京廣濟寺方丈演覺敬撰并書

佛曆二千五百五十六年

中国佛教协会副秘书长、广济寺方丈演觉法师题字

佛光普照

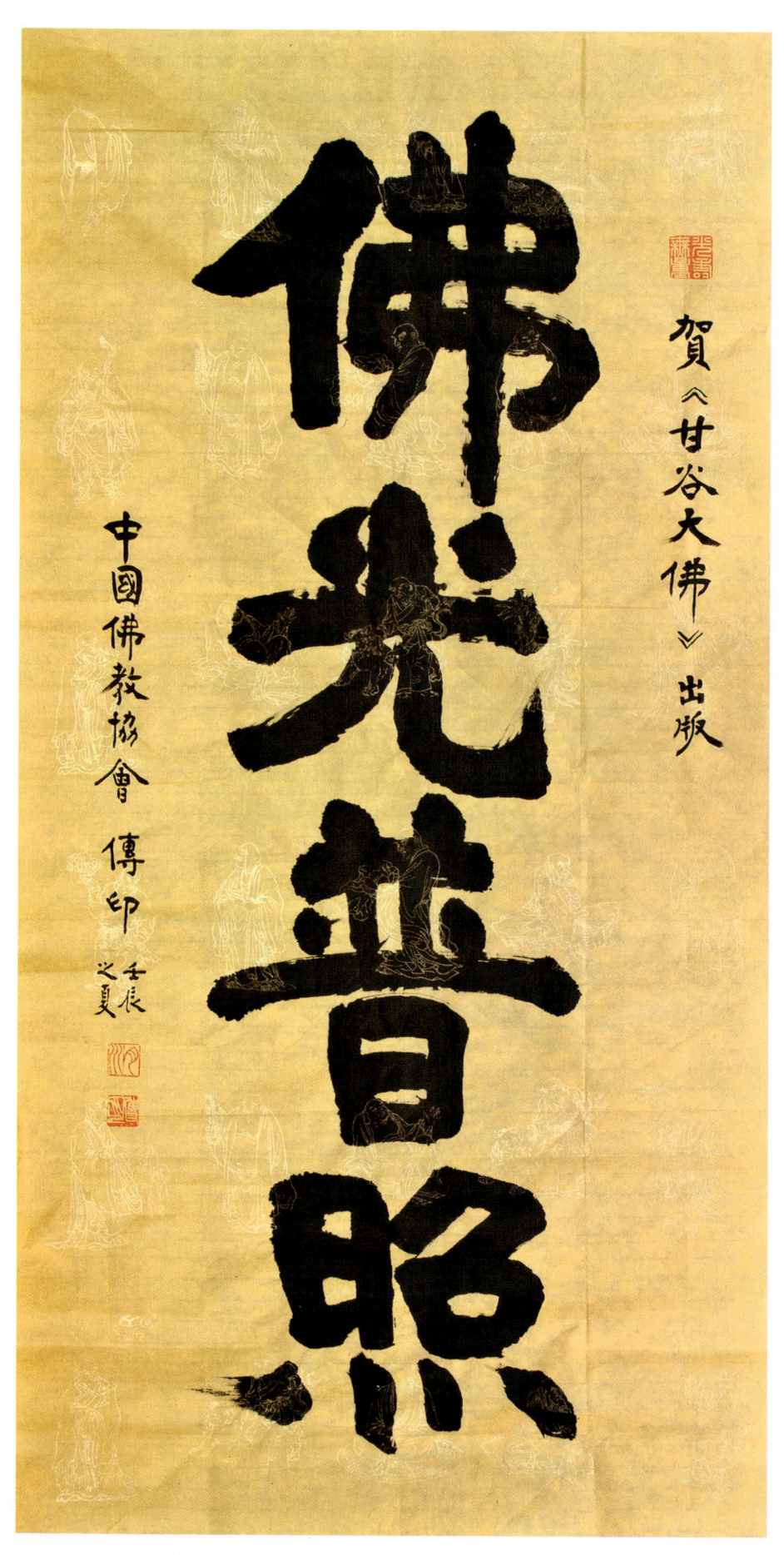

賀《甘谷大佛》出版

中國佛教協會 傳印 壬辰之夏

现任中国佛教协会会长传印法师题字

原甘肃省美术馆馆长康金成作

古老的丝绸之路

华夏第一县——甘谷

甘谷县位于甘肃省东南部，天水市西，渭河上游。沿河两岸为峡谷盆地，地貌复杂，山川相间，景色宜人。四季分明，其冬无严寒，夏无酷暑，被誉为渭河"金腰带"，是古丝绸之路和唐蕃古道的重要通道。

甘谷古称冀，建县之久，为中国之最。据《史记·秦本纪》载："秦武公十年（前688）伐邽、冀戎，初县之"，迄今已有近2700年的历史。比《左传》所载的鲁宣公十一年（前598）"楚子县陈"早90年；比鲁昭公二十八年（前514）"晋公祁氏田为七县分羊舌氏之田为三县"早174年；至秦始皇统一中国，实行郡县制度时（前221），冀建县已有476年了，冀县堪称中国第一县。随着历史上王朝的更迭，冀县先后易名汉阳郡、凉州、秦州及当亭县、黄瓜县、伏州、盐泉县、夷宾县等。至唐武德三年改

清代甘谷县城廓图
该图详细标绘了域廓内寺观楼阁祠堂的位置

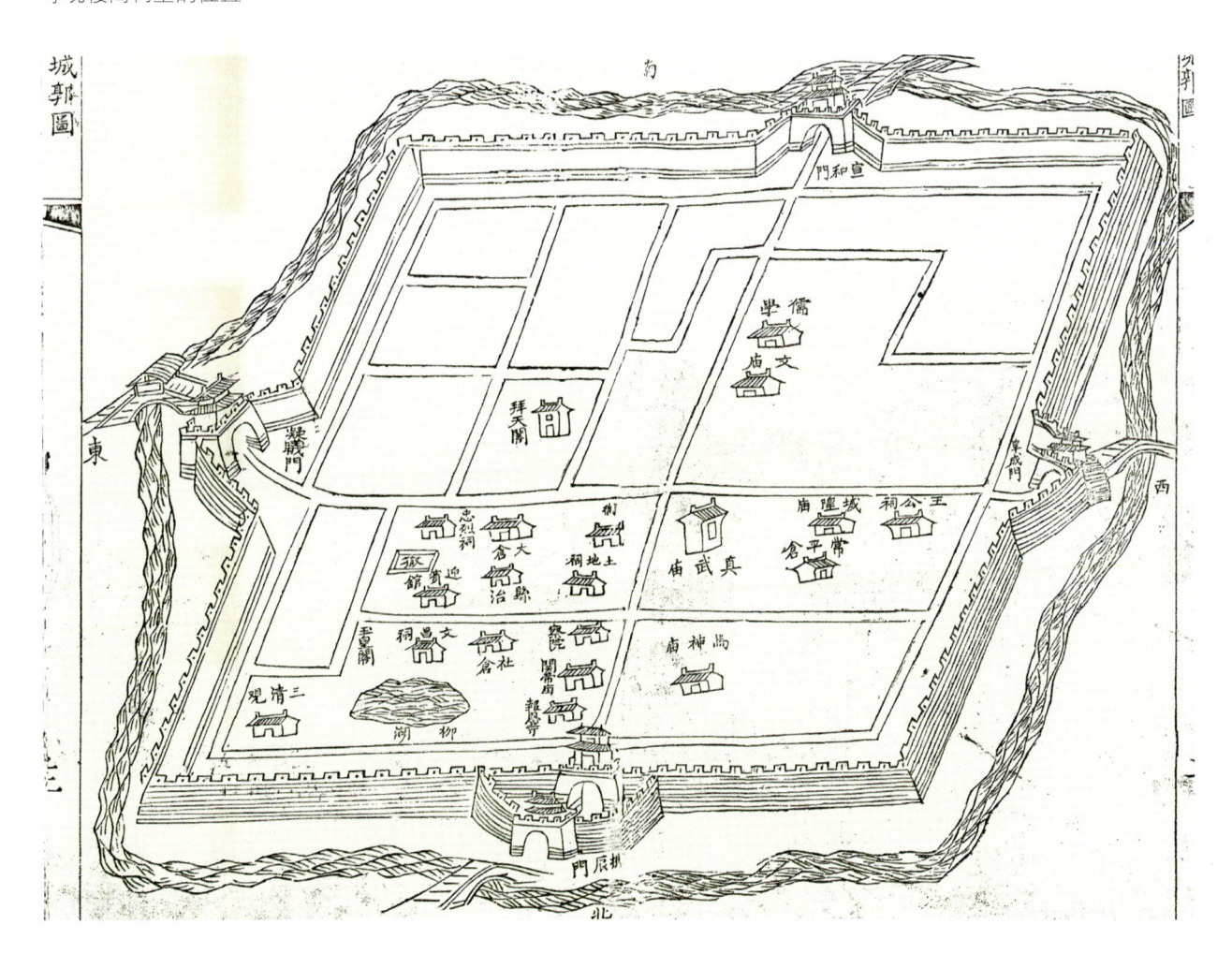

称伏羌县。唐玄宗天宝年间，因安禄山之乱陷于吐蕃，经五代至金宣宗贞祐四年（1216）始有"隶西宁州之甘谷县"之说。长期沿用伏羌之县名，至民国十八年（1929）改称甘谷县至今。

甘谷有着十分丰厚的文化积淀，这里有从新石器时代仰韶文化遗址出土的人面鲵鱼彩陶瓶所表现出的中华民族图腾——龙的雏形；有被列为"四大汉简"之一的甘谷汉简，有精美的北魏石造佛像、造像塔，以及华贵浪漫的唐三彩凤首壶；这里是人文始祖太昊伏羲氏的故乡，孔门弟子石作蜀，蜀汉大将军姜维，翰林学士巩建丰等名贯千古的陇上先贤，亦无不出自甘谷。这里自古商贸活跃，汉唐时期为古丝绸之路商旅重镇，宋有"茶马大市"之盛名，明享"商旅之家"的美誉。境内出土的大量珍贵文化遗存曾使考古界为之惊叹，以"丝路明珠"大像山为代表的朱圉山石窟群让观者驻足，以石鼓山为中心的古坡自然风景区令游人陶醉，以永明寺、蔡家寺、觉皇寺、报恩寺、华盖寺、尖山寺等诸多人文景观所构成的陇东黄金旅游线使人从渭水奔泻的涛声里感受世外桃园的快意，方兴未艾的甘谷佛教砖雕制作艺术，会使人从民族、民间文化的传承发展之中感受到古冀文明的博大精深。

华夏第一县——甘谷，如同一幅精美的山水画，自古就是人们赞美和向往的地方。

大像山顶首殿宇——西方三圣殿俯视县城景观

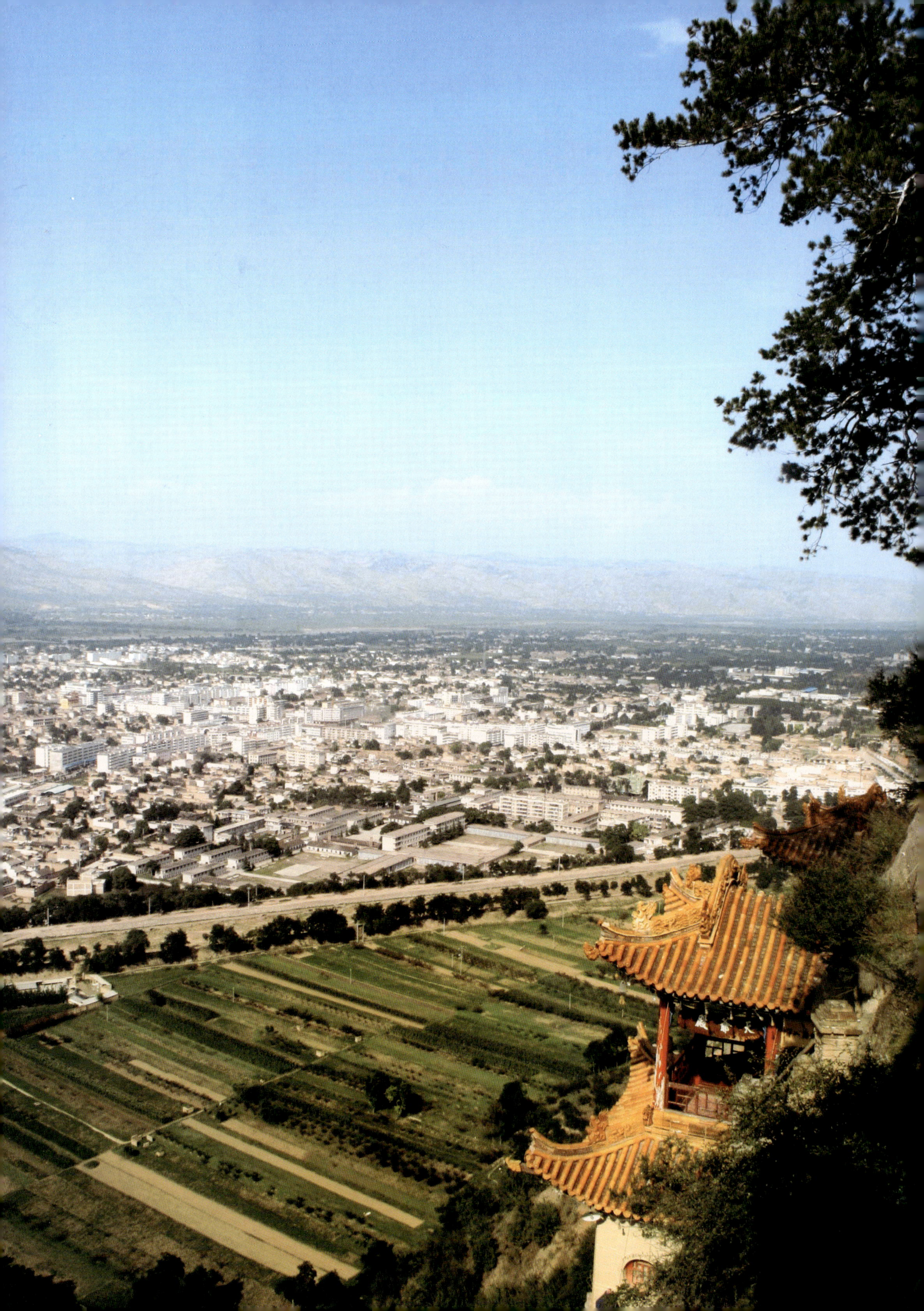

大像山

丝路明珠——大像山

大像山位于甘谷县城西南2.5公里秦岭西端的文旗山上，海拔1516米。自山脚拾级而上至巅，总长1.5公里，占地面积约640亩，以其风景、石窟、古建筑及佛事活动闻名遐迩，是甘肃省东南部渭河流域古丝绸之路上重要的佛教圣地之一。

石窟及古建筑均建于岗峦起伏、苍翠叠嶂的悬崖峭壁上。文旗山东西走向，是秦岭山脉西部的一条余脉，山体挺拔，巍峨多姿。大像山起初与其东侧的簸箕山统称旗鼓山，两山一左一右，突兀而立，犹如两面迎风飘展的旌旗，故大像山亦有"文旗"之称，与其并列的簸箕山则被称为"武旗"。大像山之得名，则是因山巅修凿大佛像而来。

大像山因其山势险要和地理位置重要，历来被兵家所重视。早时不仅为军事要地，风景名胜亦为人称道。北朝以后，大像山成为佛教盛行的地方，开始大规模开凿石窟。唐、宋期间，佛事活动更盛，成为古代"丝绸之路"上重要的佛教道场。与距西40公里的武山水帘洞石窟和距东100公里的天水麦积山石窟形成了甘肃东部佛教石窟艺术群。

大像山石窟的历史文献和碑碣较多。最早明确记载大像山的当推宋代乐史《太平寰宇记》："废伏羌县……大像在废县东一里，石崖上有大像一躯，长八丈（刻本误为尺），自山顶至山下一千二百三十尺（刻本误为丈）。"明代《舆地名胜志》卷九亦记"朱圉山在县西南三里……又二里为大像山，石崖上有佛像一躯，自趾凡一千二百三十尺，缘阁道以登。"明代《巩昌府志》卷五中又记"大像山在县西三里，巅有大佛，就山刻像，上有隗嚣歌凉台。"史料记载所反映的状况与现今的大像山石窟的面貌基本相符。

大像山岗峦起伏，迤逦东来，飞翠叠嶂，峭壁雄峻。横岭之上，楼阁鳞次，祠宇相望，四季景色分明。登临"白云封处"依窟北望，渭水如带，烟波东泻。陇海铁路横贯东西，渭北山丘蜿蜒起伏。俯视山下，通广渠依山而过，阡陌井然，如茵如毯。自山脚拾级而上，紫丁香漫山遍野，花香袭人。楼阁殿宇依山就势，密布山岭，逐台登高，各具特色。自下而上有土地庙、墨葛殿、太昊宫、千佛洞、罗真殿、接引佛殿、玉皇殿、文昌阁、灵岩寺（百子洞）、鲁班殿、关圣殿、无量殿、双明洞、大佛殿、三圣殿等。尤以气势宏伟的太昊宫、文昌阁、关圣殿、无量殿、双明洞、大佛殿为其名胜之冠。就其组合布局来看，以无量殿为界，其下主要为木

《伏羌县志》所绘悬崖大像图

结构建筑物，有神庙、佛殿、楼阁、寺院等；其上以石窟群为主，并以大像窟为中心，有洞窟23处。东侧以"松花崖"为界，西侧以"飞云岩"为界，型制多为方形平顶禅窟，尤以大像窟为其精华。这些建筑玲珑多姿，参差交错，每组建筑既自成一体，又相互辉映，虽多系近代重修或重建，但奇妙的布局、严谨的结构和形式的多样，使其充满着浪漫的色彩和诗情画意。其它古建筑和石窟，参差坐落，各得其所，各具特色。

大佛殿位于窟群中部的山崖之巅，是一个长方形的圆拱形大殿，殿宽14米，底深4.5米，高约34米。殿内石胎泥塑释迦牟尼佛高23.30米，肩宽9.50米。是大型石窟造像中为数不多的珍贵文物。古代的雕塑家们以卓越的胆识和熟练的技巧，塑造出这样的大佛像。佛像比例匀称，法相庄严。无愧于中国雕塑史上的一颗明珠。塑像胸部以下虽经历代修缮，仍不失原作雄浑大度之气概。据分析，大佛像开凿于北魏，泥装于盛唐，历经宋、明、清各代重修。窟檐原系木结构三层阁楼式，因长期风雨浸蚀，致使殿宇坍塌，大佛手足受损，1982至1985年曾抢修窟檐和补塑手足及膝下衣纹，2011年又经修缮，确保了大佛安全。

大像山石窟除大像窟外，还有窟龛22个，多数凿于离地面约200米的崖壁间，主要分布于大像窟的东、西两侧，型制多为方形、平顶，窟内正壁设高坛基，并凿大龛。龛内有造像，前壁一侧有明窗。石窟群内大都有僧侣们修禅的禅窟。这在其他石窟中较为罕见。现窟内造像及壁画多遭到破坏，但这些带有僧房的禅窟也为我们研究石窟寺窟龛的发展和演变提供了极有价值的实物资料。

大像山石窟山脊上，分布着一些古迹和碑碣，主要有"隗嚣三台"、"羲皇故里"、"圣门石子故里"碑、"重修汉平襄侯祠碑记"等。东汉初，隗嚣割据西北，自称西州上将军，曾在大像山周围设演兵场、阅兵台、擂鼓台及歇凉台。明代杨恩所编《巩昌府志》卷五记云："……巅有大佛，就山刻像，上有隗嚣歇凉台。"又清代巩建丰《伏羌县志》卷十一亦载："……文……旗山上育平台，昔王莽篡汉，冀人隗嚣起义应汉时，阅兵于其巅，旁有挝鼓台，里人犹能道之。"相传今无量殿和关圣殿为当时隗嚣歇凉台及阅兵台旧址。

近年来，在重新修缮大像山石窟的过程中，曾出土几尊北朝石刻造像和一件汉代青铜铲。发现的石造像中，尤以1984年文昌阁附近发现的造像碑最为精美。造像碑高39.6厘米，宽22.8厘米，碑首雕一佛二菩萨像。佛头顶有高肉髻，面形清秀，长颈窄肩，内着僧祇支，腰系一带，于胸前打结自然下垂。外着褒衣博带式袈裟，半结跏趺坐，双手施无畏印，安祥自若，潇洒镇定。佛两侧各雕一协侍菩萨，高髻长脸，躯体修长，着双领交叉式内衣，外宽大巾裹身，下着大裙，双手捧莲，虔诚含蓄，肃然而立。佛座下两侧浮雕半蹲卧式雄狮各一，正面浮雕供养人像，雕刻技法朴实生动，概括细腻，充满着世俗情趣。由其形象特点分析，与麦积石窟中的123窟等西魏时期的造像基本相同，表明麦积山石窟与大像山石窟有渊源关系。另一尊造像碑发现于无量殿附近，碑身作莲瓣形，碑高25.5厘米，宽11.5厘米。前雕一佛，高肉髻，瘦骨清相。着通肩大衣，结跏趺坐，禅定印，神情庄重。古代雕刻家们着意表现了佛像衣着质地的轻薄，技法高超，准确刻划了一尊禅定中的佛的形象。当为北魏晚期之佳作。另两尊造像碑前各雕一佛，也应为北周时期之作，雕刻手法简练质朴。

大像山石窟作为古丝绸之路渭河流域的一颗明珠，在她兴盛繁荣的时期，特别是明、清以后，成为重要佛教道场。长期以来，由于战乱及自然侵蚀，大像山石窟遭受严重破坏。1974年，甘谷县人民政府公布大像山石

佛教东传必经之地甘谷县古丝绸之路

甘谷是古丝绸之路必经之地，山上有很多小路，都是当年丝绸之路上马帮驼队往来的地方。如今虽然修了一些新路，但是这些羊肠小路仍然没有废弃，人们仍能感受到古道遗风。

窟为县级文物保护单位，1981年9月，甘肃省人民政府公布为省级文物保护单位，2001年，国务院公布为全国重点文物保护单位。

经多年修缮，大像山石窟逐渐得以恢复，成为甘肃省旅游景点之一，以其独特的风景，名胜及艺术魅力吸引着各地游人。尤以一年一度的四月八浴佛节活动最为隆重，届时前来观光礼拜之人接踵摩肩，络绎不绝。

大佛宝像

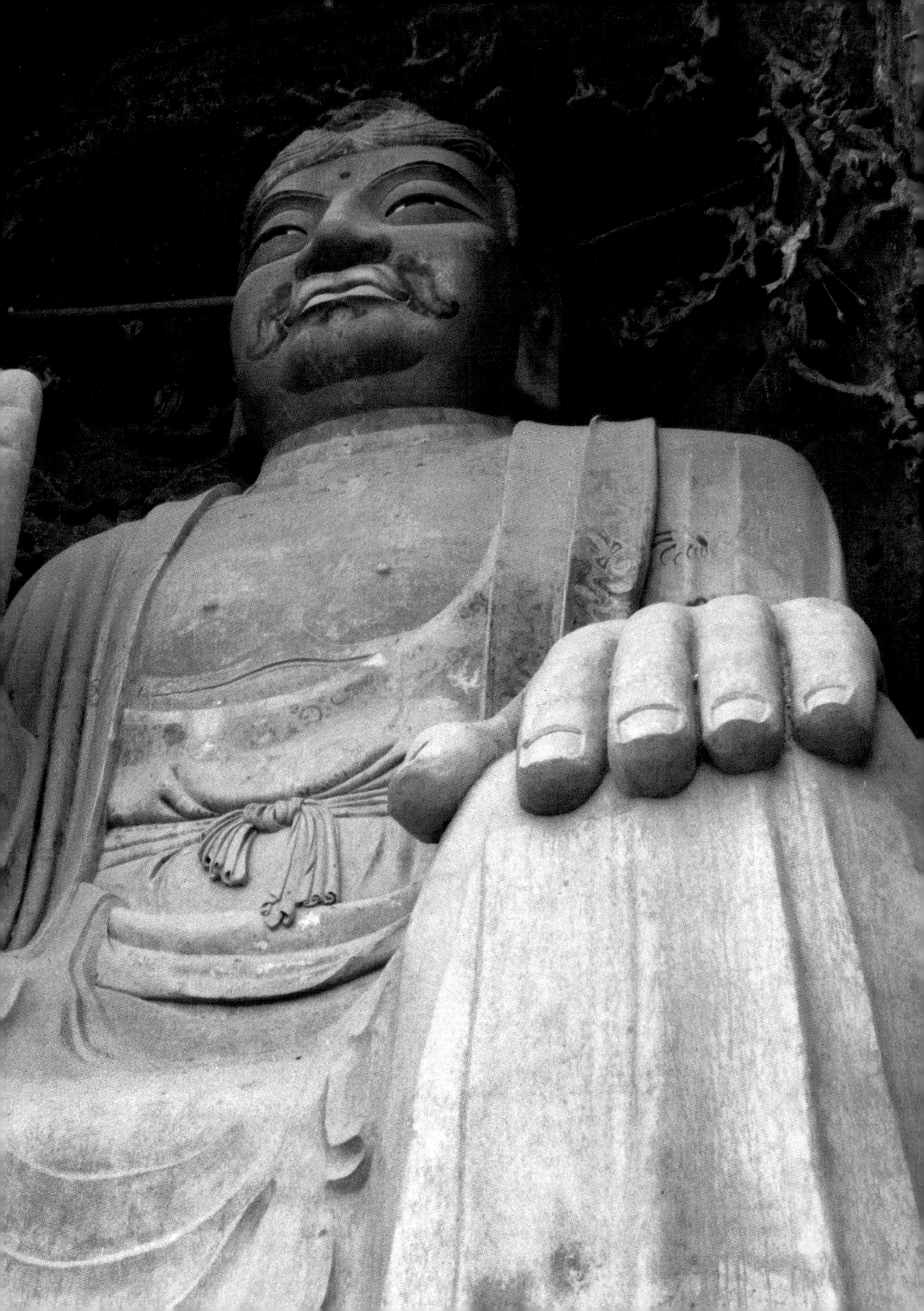

从伽蓝殿后门观大像山巅盛景

从墨葛殿看大像山牌坊背面

观音北殿（千手千眼观音殿在其对面）

观音殿千佛洞释昌殊法师

千手千眼观音菩萨木雕像

千佛洞中段地藏殿

千佛洞

此洞位于菩萨阁后，1998年开凿。寺门朝西，门额石刻"千佛洞"三字。该寺由三重石窟组成，窟门朝西北，通道2米余宽，壁侧石雕浮刻四大天王像。进通道2丈余为第一重窟，平顶略呈拱形长方形石窟。窟坐西向东，正窟西为七佛铜像，同高1.2米。七佛前正中供奉手持净水瓶的观音铜坐像和地藏菩萨铜坐像。北侧供韦驮双手挂杵站立铜像，南侧是伽蓝护法手持大刀的铜立像。窟顶为千佛彩画像，窟东正中凿亮窗可俯视县城。窟南偏东，继续入通道二丈余为第二重窟。此窟东西狭长，平顶略呈拱形。正西石龛为双手捧明珠坐莲台的木雕地藏王菩萨。其左为道明、右为闵公。龛两侧刻石联："地狱未空，誓不成佛"。南北两侧塑冥府十王及鬼判官、牛头马面、黑白无常，森严瘆人。再往南通道丈许是第三重窟，为环形石窟，窟正中供奉观音菩萨，两侧环列八百罗汉，形态各异，形象逼真，有云"八百罗汉朝观音"。

地藏石窟十殿阎王及其判官、黑白无常、牛头马面、赏善罚恶造像

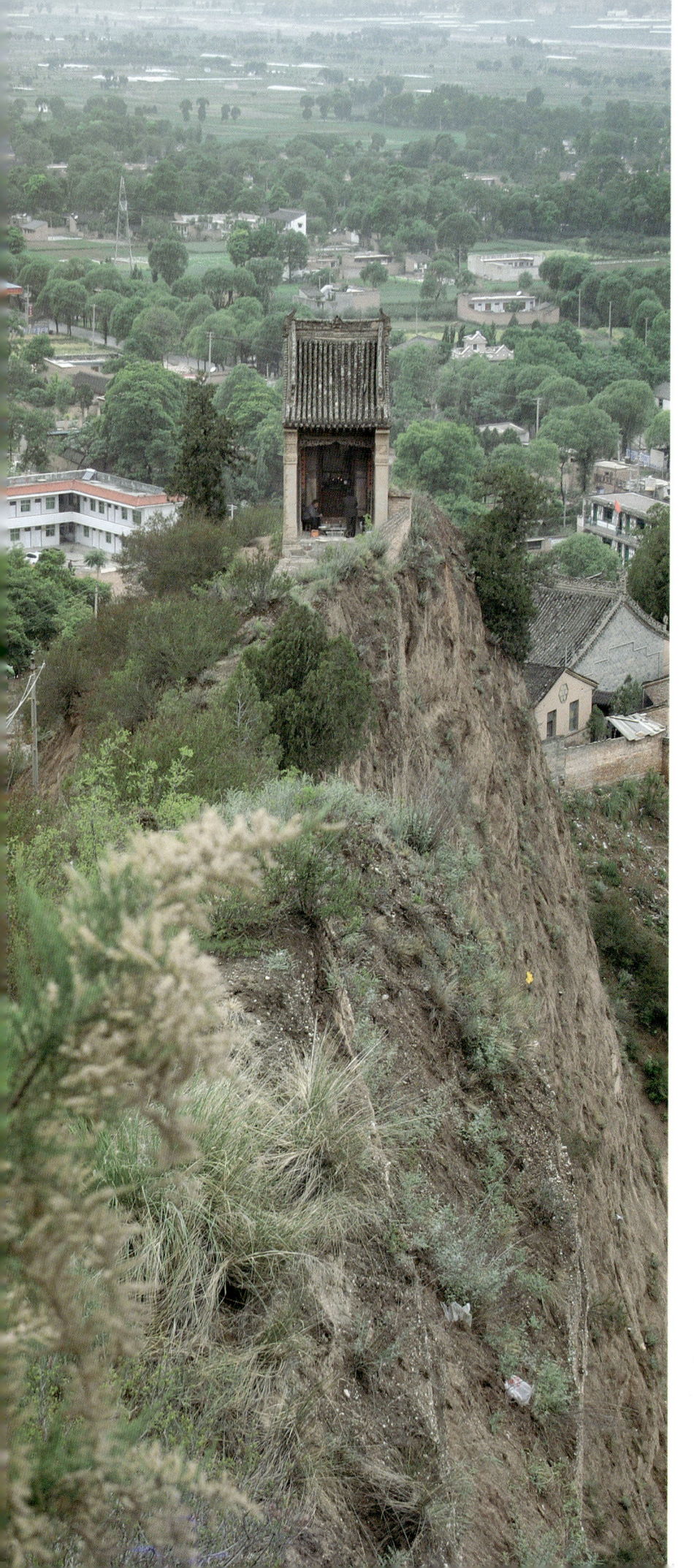

接引佛殿远景

　　接引佛殿在千佛洞与文昌阁之间的悬崖之上，此殿为民国33年（1944）建。硬山顶造砖木结构，建筑面积18平方米，总面积33平方米。殿门朝东南，遥对文昌阁。四无依傍，有小道可达，殿前可俯瞰前川风景，殿内供接引佛立像一尊，殿门额及左右联语皆为梵文，殿廊壁画为力士，殿内两壁为十八罗汉画像。

《文昌宫赋》石碑局部

《文昌宫赋》全文：

　　宫在中天，文星昌耀：阁翔灵山，瑞霭毕集。邑之有大像山者，名列国保，星罗之阁，棋布之宇，为神圣者，文昌宫是也。想当年张育挺剑，横枪前秦，锋镝拮处，所向披靡。至于功败垂成，不失豪杰本色。是故史有传，经有典立庙祭祀，香烛燃天，唐封宋赞，代为不绝，至延佑加封辅元开化文昌司禄宏仁帝君，司职人间功名禄位，是天神得以天祀也。吾邑历史悠久，积淀浑博，文风昌盛，学子如云，斯宫庇佑，功勒于心。是以杰布神宫，纳山川而映星辰；巧构灵阁，聚文脉而兴教化。台映六星宣天人之司职；柱临八面，旸孝友之和风。飞甍展翼，龙翔凤翥，攒顶入云，阴雪遏雨。见风疾走，逢雾潜隐，得天地变化，幻色幻形，展星辰玄妙，昌运昌文。数椽容膝，八面会心缙绅俯首，望福禄而思勤；士子折心，得功名更励勤奋。笔走龙蛇，文章焕彩，伯仲颉颃仰望星光。文社碑刻尚在，崇儒古风独存。遥想当年，士子踊跃，春秋二祭，何等虔诚，人神共喜，天人合一。吾邑之昌隆，基山川之灵秀乎？基斯宫之启迪乎？夫以像山之雄峻，文昌之神圣，士子之谦躬，杰构远就，鼎香不绝日月星辰精华，始得钟聚；天地山川智慧，终究诠释。是文昌赐慧子吾邑熙？抑庶民祈慧果于神圣与？古人云：积善人家，必有馀庆。诚哉斯言。

时在公元二零零七年岁次丁亥三月中浣立

牛勃敬撰　王金慎敬书　陕西苏白亭刻

文昌宫砖雕对联

文昌阁

　　位于接引佛殿稍上，以一个四合式封闭院落为布局，内有东亭、西亭、北廊、南厢房。主体建筑文昌楼矗于院中，为三层重檐六角亭式楼阁，砖木结构。楼顶作六脊攒尖式，有鸱吻，阁楼高10米，占地33.5平方米，楼座为青砖砌筑。阁楼上塑有文昌帝君像。文昌阁始建于明朝末年，清同治二年（1863）毁于兵燹，光绪年间及民国时期补建。现阁院东南角的一棵古柏在同治二年被火灾烧去半边树皮，但至今尚茂然。文昌阁建筑面积182.9平方米，总面积260.9平方米，东亭、北廊、西亭皆有望窗，可瞰视渭川风光。

甘谷大佛

百子洞窟西侧持经观音圣像及悬塑百子

百子洞（灵岩寺） 永明讲堂

出文昌阁后门百步之余便至百子洞石窟寺门。民国三十六年（1947）利用自然石洞凿成，位于鲁班殿脚崖边，永明寺山门之前。石窟和永明讲堂为三层砖混顶尖坡歇造，顶尖处雕塑1米多高杨柳净水瓶。洞门、寺门西南向，进洞门一楼左右两侧均为斋堂，可容600人同时用斋。进门50余米便至洞门，洞门左右可通至二楼、三楼。二楼为永明讲堂，可容800人听经。三楼为僧房，可容400僧人休息。进洞门五步行，西南正窟为送子菩萨，菩萨西侧为持经观音菩萨，正西为城隍一尊。送子菩萨东南为大势至菩萨坐像，正东为马三将军，清初甘谷籍人，排行老三，其家富裕，年少有德。病逝托梦乡人，乡人以神灵敬祈。甘谷县许多庙都供奉此人，因生前常骑黑驴，也称"黑驴马三爷"。旧时善男信女多于此求祈子嗣，又在窟顶悬塑百子，故称"百子洞"。1988年2月重修洞门，此处原为大庑顶，上有鸱饰雕甍，下有廊柱。原院内南建小禅院，茂竹数株，翠柏苍郁，丁香环绕，花香鸟语，极为幽雅。洞门原为悬山造木构建筑。1999年春，拆修为百子洞、永明讲堂。

百子洞内修行者的息憩之所

觉藏法师

　　无量殿住持，比丘尼觉藏法师，民国1930年7月7日出生，民国34年皈依敬玄法师，1976年拜本立法师为剃度师，1983年7月30日在五台山塔源寺受具足戒。修行专一，精进不退，念佛不辍。

无量殿院落"西武当"山门

无量殿

此殿坐落在翠柏苍郁、琳宇深幽之处，与关圣殿对峙，总面积达347平方米。由大门、圣母殿、火神庙、过厅、华陀庙、正殿、厢房组成。正殿即为大像山第二号窟，窟依山凿成，为穹窿顶，高5米，深7米，宽4米。窟檐向外伸出，为大庑顶，木构，内供无量祖师，着袍衬铠，披发跣足，丰姿魁伟。大门建筑雄伟别致，俗称"四处不落脚"式，呈单檐悬山顶，檐下额内题有"西武当"三字，言其可与湖北武当山媲美。石窟始凿年代不详，其余建筑均为清同治十年（1871）重修。

无量祖师石窟正后壁画与泥塑

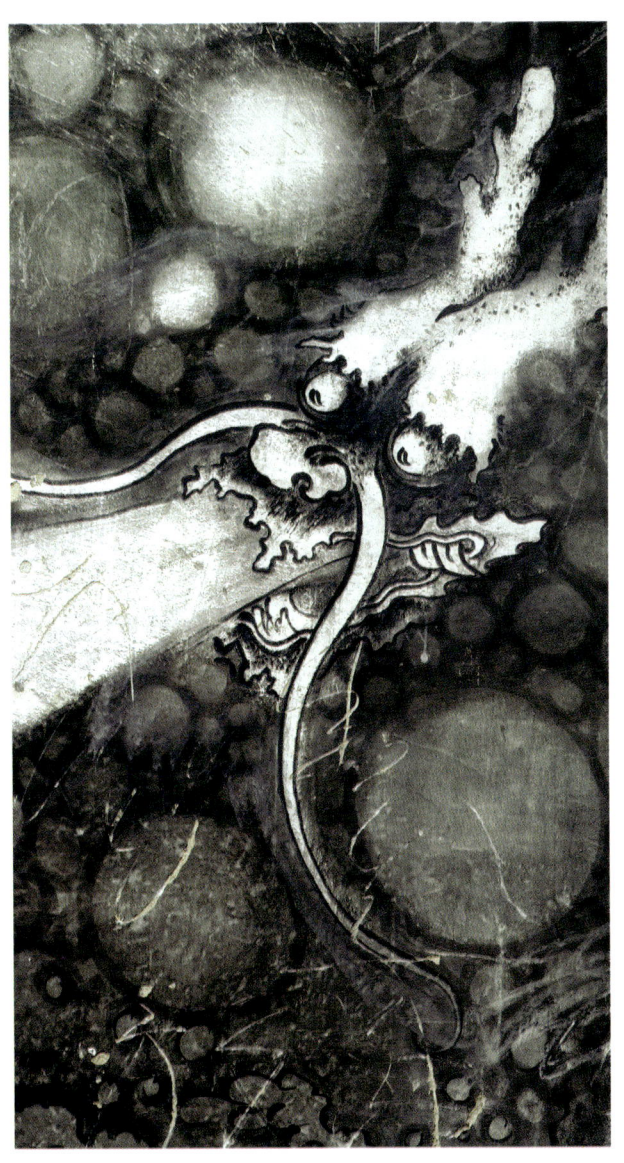

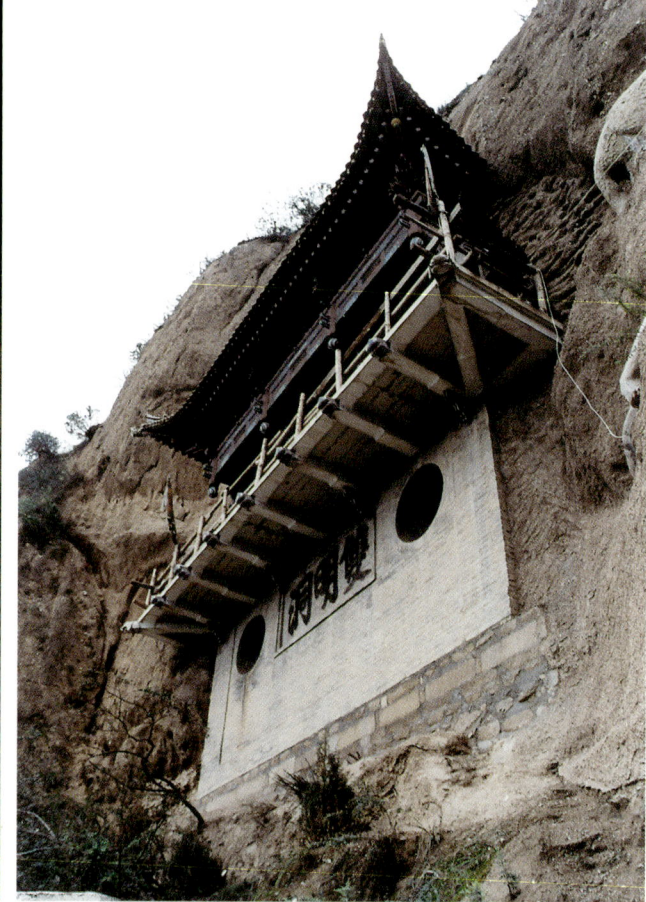

双明洞凿石为阶，开洞取光　　　　　　　　双明洞外景

双明洞

俗称药王洞，在大佛西巅，孙膑洞之上，因洞前砖砌堵墙上有两个明窗而得名，为一自然洞穴，深9米，宽17米，高约8米。《伏羌县志》载：双明洞"有窍通明，最高险，乡人凿岩为龛，架木为阁，内则梵像森列，外则疏窗洞达。游人穿穴登眺，亦像山胜境也"。洞内原有"华严三圣"（释迦牟尼佛和文殊、普贤菩萨）、药王孙思邈等塑像，均系清代重塑，后毁于"文革"期间。今又有新型。由于双明洞位置十分险峻，游人登至，如同踩云翔游。双明洞后路虽已堵死，但朝大佛殿顶西侧明窗之方向，沿崖壁至今还遗存有阁道痕迹。

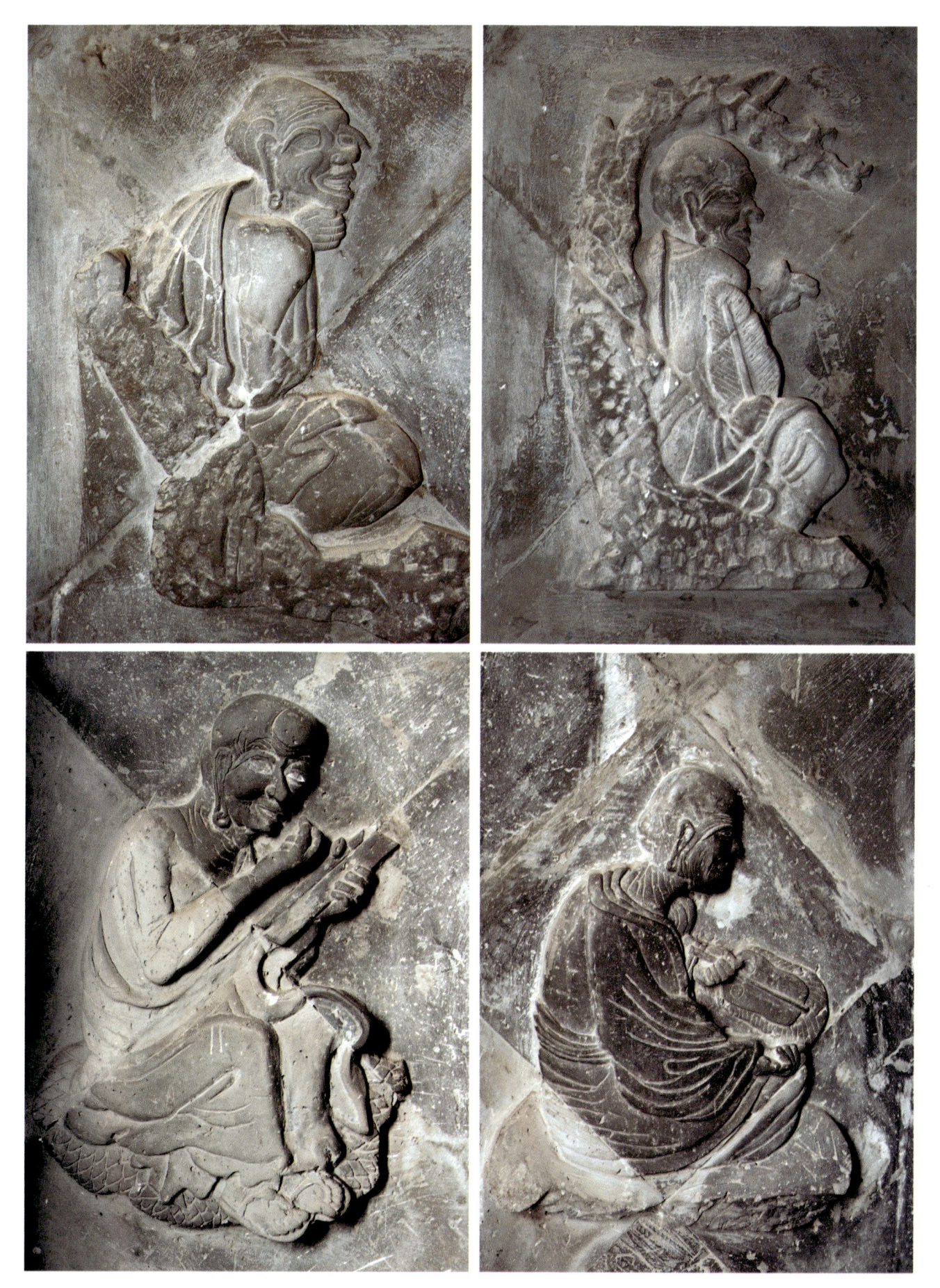

双明洞窟侧壁刻石浮雕

西方三圣殿

西方三圣殿在大佛殿右上悬崖之上，临崖有小阁道可达，然仅可容身。大门东向，窟殿北向。殿阶下有长台砖栏，可远眺渭川风光。三圣殿石窟始凿于民国二十五年（1936），后建窟前廊殿并塑窟像。至民国三十七年（1948）竣工。廊殿为大庑顶，鸱吻雕甍，廊柱四，上有木长联，殿廊广60平方米，侧墙及窟门左右墙上均有经变壁画。廊殿大三间，中后为窟，窟门木构，额大书"西方三圣殿"。窟内后侧莲座上塑西方三圣（阿弥陀佛、观音和大势至菩萨）立像，皆踩莲台，莲座前列有暖阁。窟广20平方米，长宽略等，高4.5米，侧墙亦有经变壁画。

西方三圣殿外观

观世音菩萨

大势至菩萨

阿弥陀佛

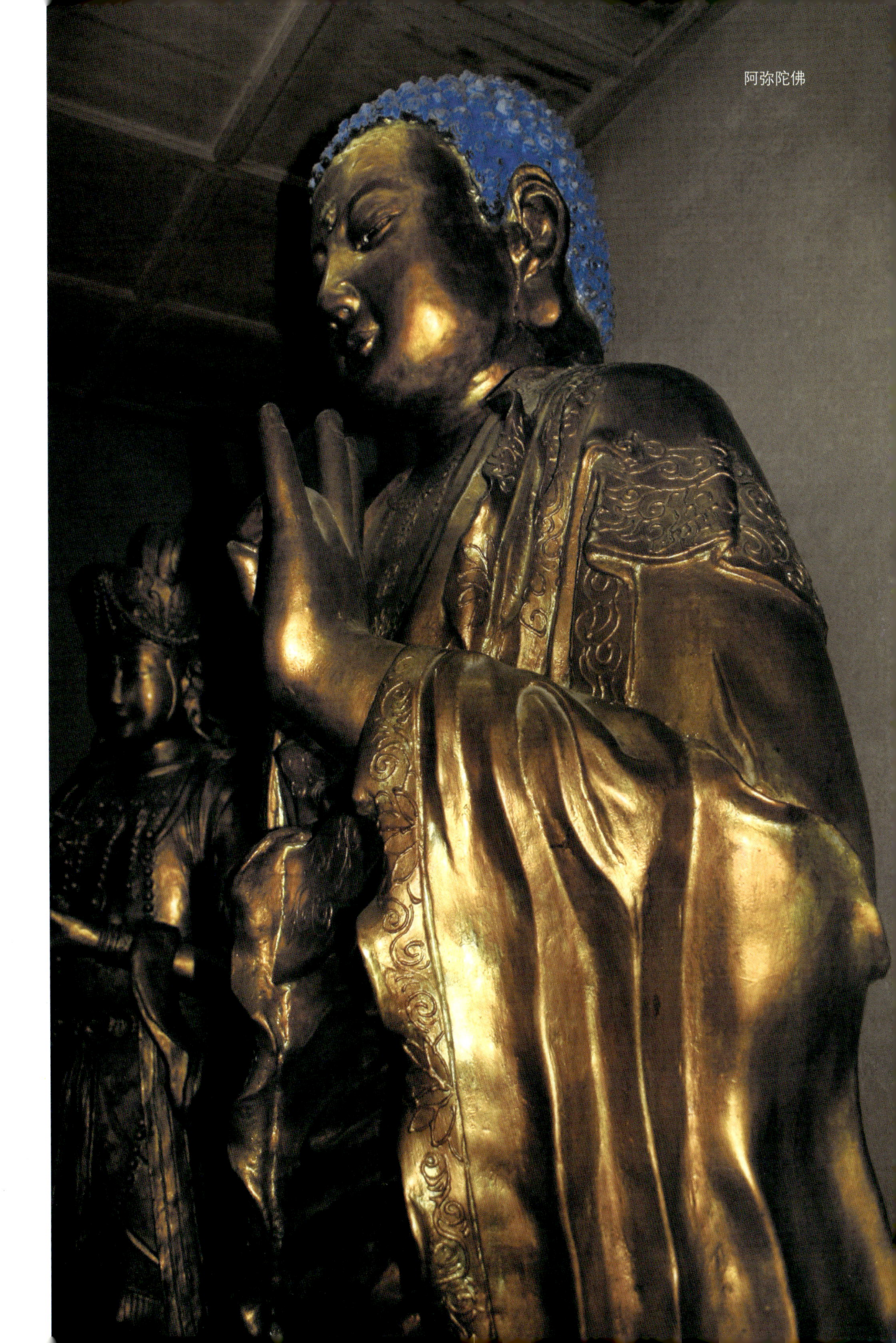

永明寺远眺

十方丛林——大像山永明寺

永明寺位于甘肃东部秦岭山脉西端的甘谷县大像山上，永明寺溯源远至魏晋。大像山当时称文旗峰（山），濒临渭水，山势峻拔，气宇雄伟。近山顶雕塑有23.3米的石胎泥塑释迦牟尼佛像，文旗峰因大佛而闻名，亦称大像山，俗称大佛爷山。该石窟寺亦称大佛寺、大像寺、大像山寺，与中国四大石窟之一的麦积山石窟遥相呼应。北周庾信《秦州天水郡麦积崖佛龛铭并序》记载："冀城（今甘肃甘谷）余俗（冀城与麦积佛龛相比者唯有大佛窟），河西旧风。"大像山佛事因大佛而兴盛。习禅者以道法相授受，多岩居穴处，开凿多处禅窟，开创临济丛林，以安禅侣。经唐末五代、宋元丛林建置益臻完善，禅众以集中居住为常。明洪武初年（1368），僧人出身的朱元璋建立大明王朝，推行佛制，大像山石窟寺以及西八华里的金仙寺石窟和西十八华里的华盖寺石窟、谢家寺、倒丸寺（谢家寺、倒丸寺现无从考证）等石窟寺群相继开凿，并以大像山永明寺为首，设立丛林之制。明万历十一年（1583）《重修报恩寺碑文》记载：大像山永明寺为伏羌县（今甘谷县）二十四大寺院之一。自此全县以永明寺为总道场的临济宗兴盛不衰。清同治二年（1863），永明寺因兵燹毁于一旦，又随之县城东禅院、西禅院、南禅院、北禅院四大禅院的兴起，永明寺临济丛林之制式微，释儒道三教各踞石窟传教修行。清末民初，全县净土宗弘扬光大，永明寺方丈敬玄和尚于民国三十六年（1947）农历闰二月十五至四月初八日设戒于大像山永明寺（现无量殿）。时有国内闻名的55位大法师纷至，助行法事，受戒者288人。《甘谷大像山永明寺设戒碑记》尚存完好，刊载盛况，自此，永明寺丛林之制恢复。十年浩劫永明寺未能幸免于难，本逢法师带领四众弟子修宇立像，弘扬佛法。并有感于永明寺有寺无殿，遂发洪愿重修大雄宝殿。自1992年农历二月十三日大雄宝殿奠基，其后十年间，在本逢方丈及诸大功德贤士鼎力支持下，永明寺得以重光，十方丛林之制完备，以弘扬净土为本。永明寺中心大院坐东南向西北，雄踞山间。寺院依中轴线左右对称，前后四重院布局。山门位于第一重院，为并排连体拱形状牌楼顶。中门顶额内有中国佛教协会会长赵朴初手书"永明寺"三个阳刻大字。第二重院主殿为天王殿，顶为四面坡歇山造，琉璃脊兽单挑檐。外围16柱回廊式，殿内供奉弥勒佛、韦驮菩萨、四大天王。天王殿南，两边各建对称的八间硬山顶砖木结构客堂、斋堂及复檐塔顶四角形钟、鼓二楼。第二重院中安放一具高3.9米的三足三层宝

紫光和尚墓碑

鼎薰炉。再上条石台阶，为第三重院，右侧是十三祖师殿，左侧是伽蓝殿，院中安放宝鼎熏炉。迎面为大雄宝殿，巍峨雄壮。殿高12米，顶为悬山造，铺瓦琉璃脊饰。殿内供奉横三世佛及二弟子像、十八罗汉像。殿后两侧是乘青狮大智文殊菩萨和乘白象大行普贤菩萨。以及缅甸汉白玉大悲观世音菩萨、善财童子和龙女彩塑。大雄宝殿后边为第四重院，建有藏经楼，为复檐三层四坡攒尖顶。除藏有大量经藏外，还分层供奉缅甸赠送的汉白玉佛、菩萨像。永明寺于1998年、2001年成功举办了两届三坛大戒；2008年、2010年举办两届大型水陆法会。

永明寺中心大院外，顺山势自下而上，县政府批准永明寺活动场所权址的殿宇以及明朝时为永明寺组成部分的金仙寺和华盖寺共二十处。

本逢方丈拈香

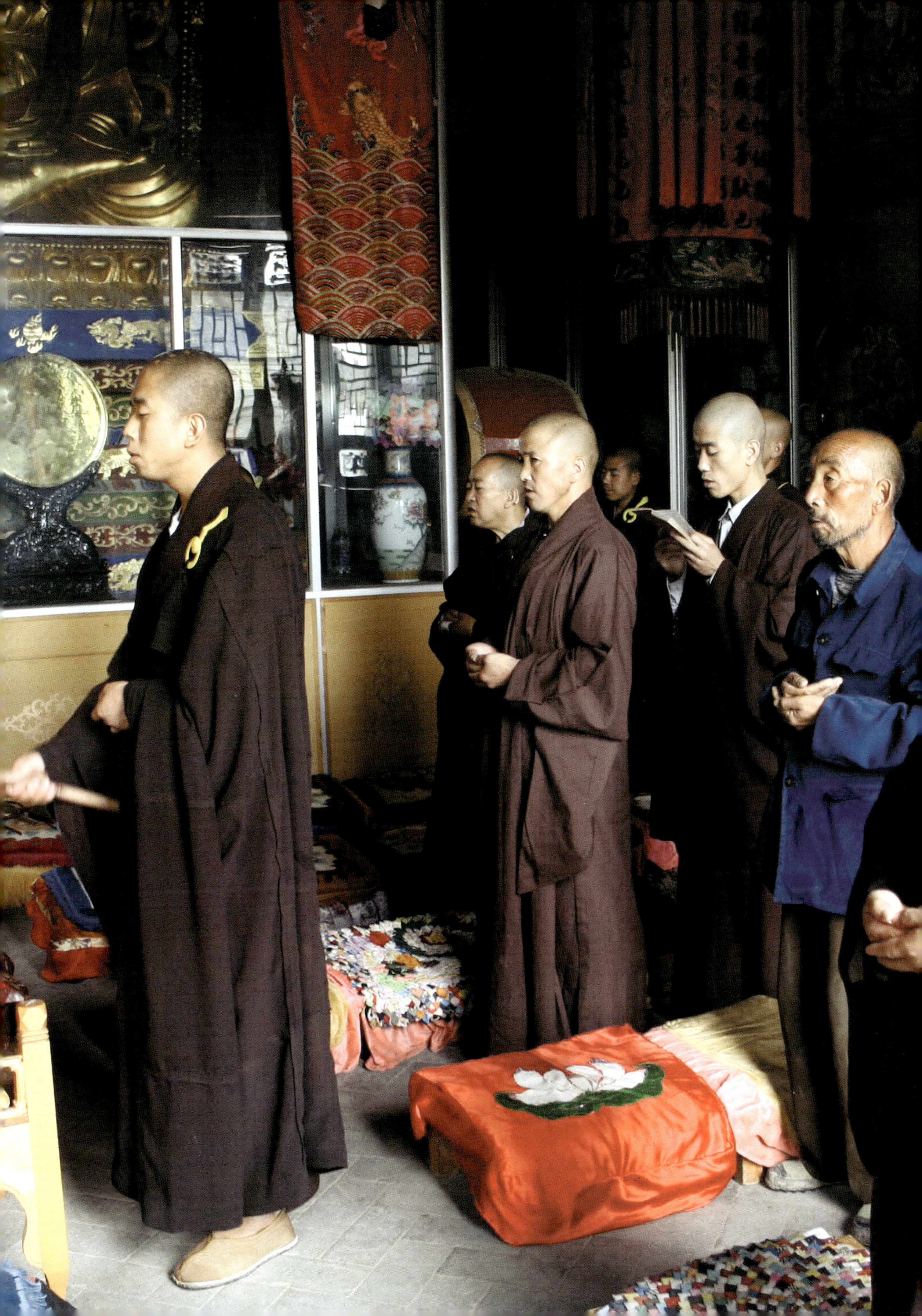

陇上高僧——本逢法师

本逢法师，号印玉，俗姓李，名贵子。生于1928年10月28日，属相龙，僧腊74年。祖籍甘谷县城西关南巷，父李福海。法师17岁时，祖母托附孙子于佛门，皈依县城西禅院敬玄法师，法名本逢。民国三十六年（1947）二月，在大像山永明寺（现无量殿址）受戒，常住无量殿。

1958年，法师因护法而遭受劫难，劳教三年余。1960年4月保外就医，是年8月得以平反昭雪。同师弟本和法师共住伏羲殿7年余，后因伏羲殿被五里铺小学临时占用，移居文昌阁。

1977年，法师带领僧众保护大佛，鉴于大佛石窟多年失修，法师等人筹资购买蓬布等覆盖佛像，以挡风雨侵袭，减轻大佛的损毁。

1990年本逢法师发心重修永明寺中心大院。1991年6月举行大雄宝殿奠基仪式。1994年3月，永明寺恢复十方丛林之制，本逢法师荣升方丈法座，重振古冀千年佛教遗风，精心操持如来家业。1998年8月和2001年8月两次成功举办了全国闻名的三坛大戒。1998年传戒时茗山、一诚、传印诸高僧助行法事，国内23个省市（自治区）274名僧人受戒。

2004年6月，中国佛教协会副会长、甘肃省佛协会长、省人大副主任嘉木样·洛桑久美·图丹却吉尼玛活佛来甘谷县考察时指出"本逢老法师，甘肃没几个。经过长期考验，是非常好的"。

大像山永明寺山门

觉平法师

　　觉平法师，俗名安梓铭，1983年6月生于甘肃省甘谷县像山镇一个世代的佛化家庭，1999年，在甘肃甘谷大像山永明寺拜本逢老和尚座下剃度出家，法号觉平，字正参，2001年，于本寺传受三坛大戒时求受具足戒。2003年，他又考入中国佛学院灵岩山分院学习。毕业后于广州六榕寺参学。2007年，在恩师的召唤下觉平法师回到永明寺任监院，主持寺务，并在2008年8月组织各方信众在大像山永明寺举办了西北五省首届的水陆法会，参加人数多达四千余人。2011年接任永明寺住持，全面主持寺院管理工作，并于同年8月举行了觉平法师晋院仪式。

大雄宝殿（左侧是伽蓝殿右侧是十三祖师堂）

伽蓝祖师大殿院

晋莲宗初祖庐山东林寺慧远大师

唐莲宗二祖长安光明善导大师 　　　　　　　　唐莲宗三祖南岳般舟承远大师

唐莲宗四祖五台竹林法照大师 　　　　　　　　唐莲宗五祖新定乌龙少康大师

甘肅省甘谷大像山永明寺
丁亥金輪息災護國戒壇同戒錄

胡受謙題

甘谷大像山永明寺同戒錄

序

民國丁亥春敬立法師設戒壇於甘谷城西大像山古永明寺中時當國難初息人心厭難聞此功德皆大歡喜四方男女僧俗來受戒者三百餘人僧俗逐來助行法事者近五十人其中如月巷妙善二法師皆道行高潔僧俗敬仰開壇之後城鄉士庶男女老少爭先施助山上無水每日由數里外送水者二百數十人其他可知可謂極一時法事之盛矣嘗聞如來滅後以戒為師眾生有貪瞋癡如來以戒定慧治之然戒為定慧之本故戒即為萬法之本其關於修行出世之道有如此佛之五戒即儒之五常戒律雖多五戒為本昔者何尚之有言百家之鄉十人持五戒則十人諄謹千室之邑百人持十善則百人和睦持此風教以周蒙宇則編戶千億仁百萬乃至刑息而坐致太平其關於風俗治化又如此然戒律傳受常有數難一者因緣之難二者師資之難三者戒器之難四者守戒之難在昔如來說戒惟梵網菩薩戒為特別法餘非如國家法律集合宣布皆陸續說出有此戒後因樓至比丘之請於祇園外建

一　甘谷中興書局承印

築戒壇是為西土傳戒之始大法東來初學皆五戒十戒而已曹魏時始譯出律本定羯摩法宋元嘉中求那跋摩始立戒壇振發墜業為僧尼等授具足戒逸曾道宣律師集戒律大成著戒壇圖經自度度人其法始備至今推為律宗初祖即在隴南遠者無可考有清一代天水傳戒者止四次甘谷百年前有亮江和尚傳戒於渭北亮江寺止一次耳此因緣之難也密教之灌頂顯教之授戒皆係以師之法力轉注於弟子之身受戒者得此不思議法力名為戒體有此戒體者即自然不起為惡之心所以可貴是故傳戒之人亦須具此無垢無破之戒體者此師資之難也受戒之人即稱戒器若依定規身家相貌年齡比皆有遮限不可冒濫從事其中年齡限制最嚴大乘重心戒亦不可輕授此戒器之難也茲會也四眾畢集大德遠臨敬玄方丈竭力經營僧俗贊助恪守儀軌慎重從事受戒者皆一時英俊可謂三難已去若後受戒者敢住四方嚴守戒律宏揚正法或以此戒體專心念佛往生可必品位必高則四難悉除法教日昌今日永明之同戒即他年蓮邦之伴侶豈不懿歟

民国三十六年同戒录

序

夫戒者，乃超凡入圣之捷径，挽世规人之金绳，尊则人天敬仰，违则三途缘成，所以往圣前贤，莫不由戒律精严而脱生死至涅槃也。

甘肃甘谷县西禅院

敬立老人者，乃铨之法师也，赋性仁慈，持戒精严，对于宏化之事业，不遗余力，而陇南各县佛教之革新，慈赖老人之力，丙戌之矣，同人勉乎哉！

民国三十六年三月 释敬立叙

序

始定于本年古历闰二月十五日为开戒之期，戒坛在大像山永明寺，为期共五十三日，开戒以来，缁素咸集，四众皈依，每日供养者络绎不绝，山上素之水源，妇人稚子远从数里外担水上山，呜呼盛矣！如斯希有法会，岂予凉德，而能致此，盖佛不可思议之力也，拟判同戒箓以志鸿爪，为期虽促，后会方长，尚望发轫之始，精进勿懈，则他日为弥陀之弟子，作海会之良朋，胥于此会下之矣，同人勉乎哉！

序

中华民国三十六年三月上巳甘谷佛教居士会理事长何鸿吉法名德祥谨序

戒慧谓之学，而戒又为六波罗蜜之一，乃治烦恼习气之对症良药。夫众生皆具佛性，皆可成佛，而世尊于无量劫前早成正觉，常享寂乐，我辈凡夫尚流转死生，莫由出离，长沦苦海，永居火宅，其故何我？盖一切恶业由贪嗔痴，而背觉合尘日为情牵，使本具之佛性，如镜尘理，永无光明照耀之日？治之法，惟戒定慧，而无戒则无定分，阙邪存诚，儒佛初无二致，不讲世法，何由出世？则戒为万法之本也，况敦伦尽分，闲邪存诚，儒佛初无二致，不讲世法，何由出世？则戒又为进德修业之初步工夫。由是观之，戒岂可忽乎哉？予龆龄剃度，早岁皈依，深念佛教不兴，正法凌夷，传戒之志著之久矣，尝欲游陇南各县，所至即以创立佛教会相号召，而当时人士，信者寥寥，嗣逸者众，朝礼普贤，亵念益坚，誓以一息尚存为了此一大事也，近年以来，信从者众，我正法之兴其庶几乎？乃与何豫甫居士商，深荷各方人士之赞助，义经筹备

得戒本师大和尚

庆元老和尚

上广下志法号明一，系甘肃甘谷县籍光绪六年三月十五日吉时生享寿五旬有八岁敬于民国二十六年三月初七日申时于光绪七年礼本县西禅院上峯下坐老和尚出家光绪庚子赴陕西卧龙寺圆具清光绪二十九年五十五岁光绪十九年九月二十日冰时生条甘肃甘谷县籍光绪二十九年礼本县西禅院上明下一老和尚出家光绪庚子得大戒比丘和尚出摄西迎在别即赐佛殿沙弥首得大戒比丘和尚慈圣两驾

永明方丈上续下宗竟敬玄年任汉中广佛寺春期具足住中国佛教会甘肃省分会监事一年任汉中广佛寺春期具足住中国佛教会甘肃省分会监事

序

冬，发心至义眉拜愿，年终归，为成就新戒衣钵等，购有葛布沿途觐自背负，亦为难行之苦行，丁亥春，设护国息灾戒坛于甘谷大像山永明寺时谓西京卧龙寺广惠寺，兰州嘛呢寺，普陀寺，定西厂寺，宁夏承天寺，诸大德参加者五十余人，新戒七十五人，在家二众求戒者几二百人，可谓自清道光时亮江和尚传戒后，第一次之盛举也，山高无水，金城老幼男女担挺送水者络绎不绝，可想见其平时之盛德矣。

于古历三月初一日开曹洞正宗第二十七代传临济正宗第四十六世兰州普陀寺智铨序于甘谷大像山永明寺护国息灾戒坛

民国三十六年古历三月初一日朝曹洞正宗第二十七代传临济正宗第四十六世兰州普陀寺智铨序于甘谷大像山永明寺护国息灾戒坛

坛戒，同戒录成，铨不揣愚陋，爰草数语，以作诸上善人将来莲池海会把臂之证据耳，是为序。

茗山法师

1998年永明寺同戒录封面

甘肃甘谷永明寺同戒录序

遗教经云："佛陀住世，以佛为师，佛灭度后，以戒为师；防非止恶，戒为根本，转凡成圣，戒是舟航"。僧祇律云："毗尼藏者，佛法寿命，毗尼若住，佛法亦住"，华严经云："戒为无上菩提本，应当具足持净戒；若能坚持于净戒，则为如来所赞叹"，楞严经云："摄心为戒，因戒生定，因定发慧"。他如梵网经等，无不称扬，持戒功德。由此可知，戒为三学之首，成佛之基，正法之命，僧伽之师，是诸佛慈悲济世，智慧度生之慈航，是众生离苦得乐，超凡入圣之正道也。

溯自佛灭度后，优婆离尊者，结集律藏，传至百年后，优婆毱多尊者，有五弟子，分为五部（四分律、五分律、僧祇律、十诵律、善见律）。三国时代魏齐王嘉平二年，西天竺僧人昙摩迦罗律师来洛阳制授戒法。六朝时代宋文帝元嘉十一年，梵僧求那钵摩律师，于南林寺建立戒坛，始为僧尼授戒。唐代麟德二年，我国道宣律师于终南山净业寺，开坛传戒，大宏四分律，为我国南山宗之始祖。明代末年，南京古林寺，慧云馨公律师中兴南山宗四分律。清初三昧光祖在宝华山继续宏传四分律；见月体祖作传戒正范，三坛演仪，是为海内外各地传戒之范本，持续至今。

甘肃省甘谷县大像山永明寺，创于北魏，扩于盛唐，因有石胎泥塑大佛，颇负盛名。清道光时，本寺亮江和尚、民国三十六年（1947）春，敬玄和尚相继在此传戒。五十余年来，现任本寺住持本逢和尚早有宏传之志，因缘成熟，申请各级领导批准，又得诸方赞助，特于公元1998年8月22日（农历七月初一日）开堂，至9月20日（农历七月三十日）圆满。戒期之中，三师七证，戒行清净，诸位堂师仪规娴熟，新戒比丘二百七十余人，居士四百余人皆能至诚忏悔，如法受戒。师资具备，因缘殊胜。惟冀诸戒子受戒后，严持戒律，莫失威仪，勿为色声香味触所染，勿为贪瞋痴慢疑所惑，务使三业清净，六根纯和，依戒修行，因戒生定，因定发慧，由戒定慧，同臻解脱；复希断一切恶，修一切善，普度群生，同成佛道，是所厚望也。

公元一九九八年九月一日茗山
序于永明寺客寮

戒子拜佛求忏悔

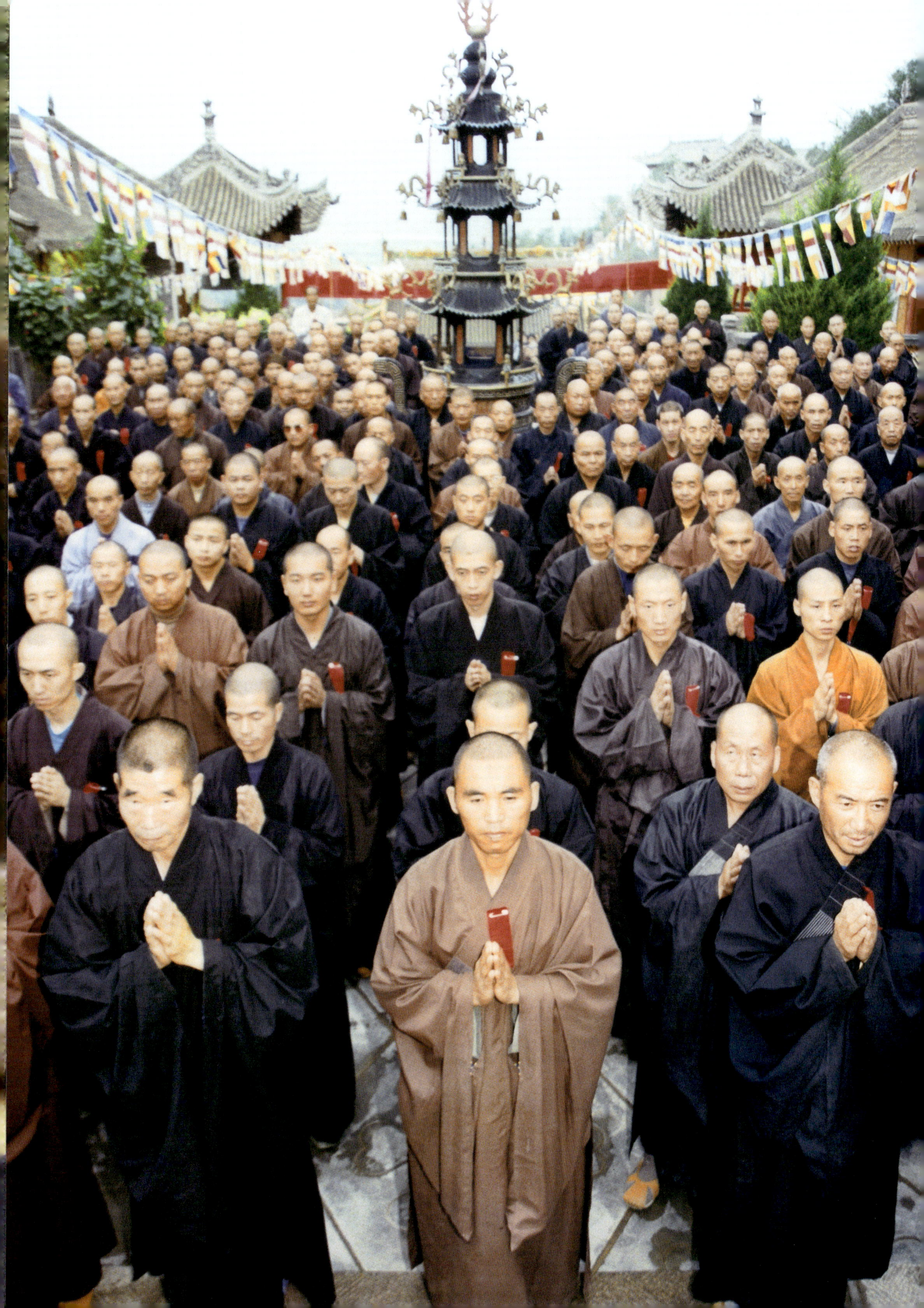

1998年三坛大戒圆满结束，羯摩阿阇黎师茗山法师、传印法师、一诚三师训戒子严净毗尼、精进修持

甘肅甘谷永明寺同戒錄 公元一九九八年戊寅秋期

得戒本師大和尚 上茗下山 號大鑫（金） 江蘇鹽城籍 公元一九一四年二月二十日子時生

羯摩阿闍黎師 上傳下印 號月川 遼寧莊河籍 公元一九二七年元月三十日生

教授阿闍黎師 上一下誠 號悟圓 湖南望城籍 公元一九二七年二月二日生

尊證阿闍黎師 上融下開 號持舟 甘肅民勤籍 公元一九二八年五月十一日生

尊證阿闍黎師 上本下逢 號印玉 甘肅甘谷籍 公元一九二七年十月二十八日生

尊證阿闍黎師 上妙下達 號圓明 甘肅武山籍 公元一九三二年三月九日生

尊證阿闍黎師 上諦下顯 號法聖 甘肅民勤籍 公元一九二九年六月二十九日生

尊證阿闍黎師 上諦下承 號悟空 甘肅敦煌籍 公元一九一八年十一月十七日生

尊證阿闍黎師 上諦下智 號覺妙 甘肅臨洮籍 公元一九四四年四月八日生

尊證阿闍黎師 上增下勤 號海山 甘肅華亭籍 公元一九六二年五月十一日生

1998年农历7月 甘肃甘谷大像山永明寺传授三坛大戒留影

将此深心奉尘刹

传印法师（中国佛教协会会长）

同戒录序

甘谷大像山永明寺二零零一年辛巳秋期

吾人与三世诸佛同一心性，所受清净戒法，叫作佛性戒、无尽戒、佛戒。无非是因该果海、果彻因源的称性功德。《梵网经》云："当当常有因故，当当常住法身。"便是让我们深信谛了：的的确确是亘古常有的真因；的的确确是常住的法身妙果。

这一清净戒法，完全依佛性理体而建立，却又还复开显、庄严本具之佛性，所以称作"佛性戒"。这一清净戒法，便是一切凡圣所具无尽功德之藏，所以称作"无尽戒"。经云："诸法真实相，不生亦不灭，不常复不断，不一亦不异，不来亦不去。如是一心中，方便勤庄严。"这便是本源心地自性清净，而为此戒的所依理体，并由是成就无作妙戒之体。如是无作戒体，实由诸位仁者专志向道的增上善心之所感发。所谓发菩提心，披四弘铠，上求下化，志期正觉极果。如《璎珞经》云："从今身至佛身，于其中间。"不失戒体。即使再生复受，亦非新得。这一无作戒体，一直伴随着我们，直至成就无上佛道。所以，这一清净戒法，亦称作"佛戒"。

据此，又应当知：圆满报身卢舍那佛。梵语"卢舍那"，此云"净满"。恶无不尽，名净；善无不圆，名满。是为究竟清净戒体。虽然，这一戒体，至佛地，方称究竟；而初心所受，更无异体。经云："众生受佛戒，即入诸佛位。位同大觉已，真是诸佛子。"这说明三世诸佛和我们完全同一戒体。譬如王子初诞，虽然文韬武略尚未具足，而无力主国，然而，他却已经是王种了。发菩提心，受持别解脱、菩萨戒者，亦同此理，顿同诸佛戒体，名"真佛子"。五分法身、力、无畏等，纵然尚未成就，而已经是佛种了。正如王子长成，绍继王位，只是父母所生之身，更无异身。菩萨成佛亦然，功德满足，坐于道场，只是初发心时所得戒体，更无异体。

唯愿诸仁者!善加珍惜，今生此缘。坚持本誓，坚固大菩提心。精严三聚，善修二利（上求佛道以自利；下化众生以利他），真趣妙觉法身。

甘肃省甘谷县，地处秦岭之西、渭河之上，乃羲皇故里、人祖初乡。为华夏文明摇篮，中原历史发端。深被德化，厚扬淳风。永明禅寺坐落在一座山形肖似大象蹲踞的象鼻位置。其象之一目，为弥勒佛窟，开凿于盛唐，像高二十三点三米，巍峨庄严，被指定为国宝。是故此山因山形似象，称大象山；又以大佛像故，俗称大像山。

本寺的创建，至迟应于盛唐以前，弥勒大像，可为作证。现在本逢大和尚住持下，复建于二十世纪九十年代。暮鼓晨钟，清韵梵响；僧行六和，道化四时。一九九八年时，新中国成立以来，首次于本省开坛传戒。兹际二十一世纪第一年双节（国庆与仲秋同一日）金秋，再次弘演戒法。因缘际会，千载一时；龙天赞叹，诸佛开颜。

所冀大象山中，尽成龙象；旃檀林下，纯是旃檀。于兹佛元二千五百四十五年，重现灵山嘉会。然则，法门兴废，系在僧徒。僧脉所系，重在毗尼。如经所言：毗尼住世，正法住世。唯愿诸仁：四弘深誓，共乾坤而罔极；四摄广济，等尘沙而不穷!是为序。

传印　二零零一年辛巳仲秋

2001年8月永明寺三坛大戒同戒录封面

永明寺第二届水陆法会

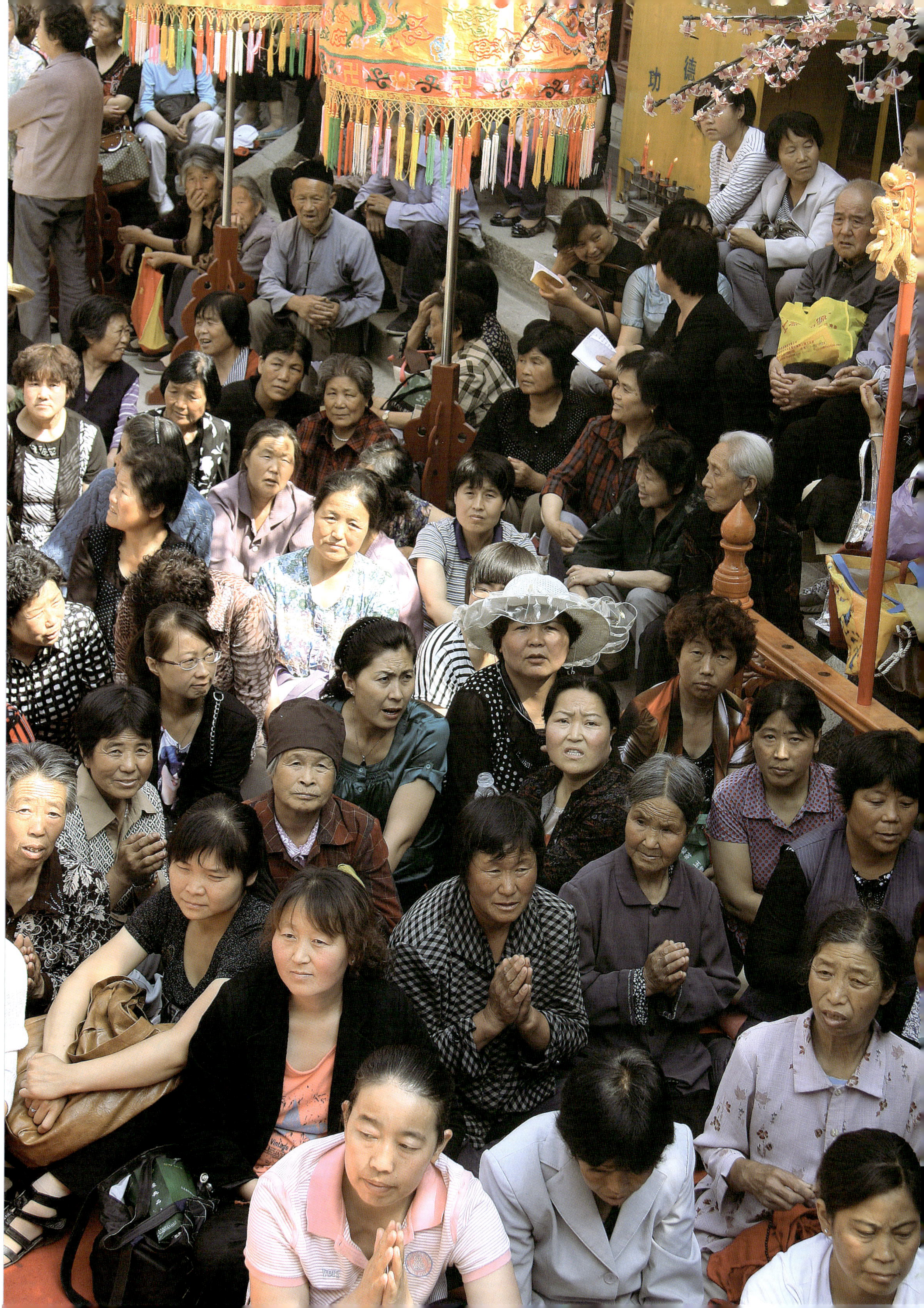
功德

显龙洞僧人在石窟中坐禅

观音菩萨塑像（宋）

观音菩萨右侧弟子塑像（宋）

观音菩萨左侧弟子塑像（宋）

诵经观音塑像（宋）　　　　　　　韦驮护法塑像（明）

麻回和尚塑像（明）

朝阳洞石窟外观外景

晨曦晓辉——朝阳洞

位于县城西十五公里处，共有3洞。清巩建丰《伏羌县志》载："永新、雪岩、近泉三洞，在邑西三十里，地皆峻险，穿石穴居，前人避兵于此。"该洞后多毁坏，近年村名集资修复重建，开拓道路至洞顶，有何鸿吉手书"朝阳洞"匾额尚存。据传洞窟始建于清初，民国三十年（1941）农历十一月十八日告竣，高4米，长9米，宽7米。其山形向东状如旌旗飘展，向西山状如擎天柱石，坚强有力。洞窟层岩盖顶，上洞有望窗两个，如两只眼睛，直视前方。洞壁《朝阳洞记》云：

"朝阳洞三字朗若烈星，明如观火，上辟四门八总，下分阴阳二星，远看红云拖月，近观白玉琳琳。登其楼，俯其万家烟火，了如指掌；举其首，仰其天，星月灿烂，手可攀援，清澄无垢，镜挂蔚蓝。时而跨鹤飞来，时而乘云西去，万里朋友时刻会仙乡乐地，群真宴饮，猗欢休哉，何等幸胜"。

悬崖上的金仙寺石窟

云崖石窟——金仙寺

　　金仙寺位于甘肃甘谷县城西十五华里，系大像山永明寺石窟群之一。寺院和石窟分为二部分，其一为山下比丘尼寺，其二为山上明代石窟寺。就洞窟造型而言，开凿年代不晚于唐代，明清又进行了整修，后因战乱频迭，多为乡人避难之所，但早期石窟的风貌犹存，窟内保存有明代塑像和清代壁画。

　　山下寺院是依中轴线左右对称三重院布局，第一重院进山门为天门殿，四廊柱回环式，供奉弥勒佛和韦驮护法铜像，两旁是四大天王彩塑像。第二重院正南为大雄宝殿，供奉华严三圣，即释迦牟尼佛和文殊、普贤二菩萨。殿侧彩绘十八罗汉修行图。正殿东西分别为汉白玉净水瓶观音菩萨和大愿地藏王菩萨殿，地藏菩萨双手捧明珠，意为照彻地狱，体现出"地狱未空、誓不成佛"的弘深愿力。地藏菩萨两侧为十殿阎罗彩塑立像。第三重院为僧房和客堂、斋堂。庭院古柏苍翠、鸟语花香。

　　从金仙寺东侧上山，曲折迂回，山势陡直，抬眼望去，万仞笔立，半壁而挂，似无路可达，然沿岩壁羊肠小道攀崖而上，距山脚500米处为石窟寺山门。步入山门，群窟悬壁，其险至极，不禁使人对古人胆略起敬。山门东30米为三官石窟殿，石窟宽3.2米，进深2.6米，高3.6米，窟内供奉天官、地官、水官坐像，即尧、舜、禹三圣，同高1.6米，肩宽0.6米。三官殿向东50米是观音石窟殿，小道更为崎岖险

金仙寺石窟小径依山而行，下即深渊

这简陋的小门就是金仙寺石窟群的山门，山野之气在焉

峻，窄处不过尺，只能侧身贴崖攀登才可缓慢而过。观音窟座南向北，窟前为木构大庑顶，窟门顶悬"慈航普渡"四字。窟宽3.46米，进深2.2米，高2.52米。观音坐于莲台，像高1.46米，肩宽0.46米。左手施触地印，右手施无畏印。窟西壁画为四幅观音菩萨救难感应彩绘壁画。窟东壁画为四幅西天取经彩绘图。造像具明清风格，较为珍贵。观音石窟东行20余米，为玉皇石窟殿，木造廊庑顶，玉皇窟为下大上小的天然石洞凿成，窟宽3.6米，深2.6米，高3.3米。正窟供玉皇大帝，头戴九珠双龙冠，坐像高1.72米，宽0.6米，左侧男童手持令旗，右侧女童左手执印、右手持剑，同高1.16米，肩宽0.3米，造像栩栩如生，神龛绘有祥云、仙鹤、莲花、牡丹、喜鹊。在此窟前放眼北望，渭川景色令人心旷神怡。

重建的金仙寺过于鲜亮，和古朴的石窟群形成鲜明对比。80年代，在此修行十年的高僧——本玄法师，修持精严，曾六昼夜入定中，且因预知往生吉日而名传陇上，一时金仙寺成为陇上名刹。

金仙寺住持觉真法师

　　1954年，19岁的觉真法师在大像山百子洞皈依本禅法师，法名觉真；1982年在兰州王宝城隆济院拜仁修法师为师，取名圣圆；1985年前往陕西大兴善授具足戒；1992年常住大像山，1998年在武昌莲溪寺增二部僧戒；1998年至今常住金仙寺。

清　金仙寺石窟观音菩萨圣像，这就是"洗了脸"的效果

三官石窟殿至观音石窟殿途中

清 金仙寺观音石窟殿"观音救苦救难"演教壁画

金仙寺千佛悬崖石窟

清　金仙寺观音石窟殿"观音救苦救难"演教壁画之一

清　金仙寺观音石窟殿"观音救苦救难"演教壁画之二

清　金仙寺观音石窟殿"观音救苦救难"演教壁画之三

清　金仙寺观音石窟殿"观音救苦救难"演教壁画之四

清　金仙寺玉皇石窟殿壁画

护法殿

老僧　　　　　　　　　　　下院俯视

下院山门外景

无量石窟殿真武大帝像

三眼洞 太乙真人石窟殿

　　该窟平面梯形平顶弧角。造像为一主二侍者，太乙真人盘腿坐于莲台之上，通高65厘米，手执如意勾，身披法衣，系黄腰裙，白衣蓝带。两旁侍者肃立；壁画残缺。

无量殿左侧上首为文太师立像，额长千里眼，左手拿三角金砖眼，右手握方乾戟

无量殿左侧下首为马元帅，额长千里眼，左手拄地狼牙棒，右手按左手腕

唐僧　　　　　　　　　　　孙悟空

沙僧　　　　　　　　　　　猪八戒

无量殿"深山问道"壁画之一

无量殿"深山问道"壁画之二

无量祖师修道成仙壁画

皇后怀真武壁画

观音菩萨点化真武修道

观音菩萨化身铁棒磨针点化真武修道壁画

观音化身美女验证真武修道壁画

天门山泰山庙南殿赏善宫套厢房（释本继生前所住）

天门春晓——报恩寺

报恩寺位于天门山泰山庙南，原址在甘谷县城内北街，座东向西，为一长方形建筑群，全寺面积24亩。东西纵深约600米，南北最宽处约100米，寺内庙宇殿堂众多，布局紧凑，是当时甘谷最大的佛寺古刹。

报恩寺历史悠久，始建于北魏（386～534）时期，距今已有1600多年。寺内供奉诸佛菩萨、诸天、天王、十王、药王、护法、韦陀、伽蓝、龙王、名医、年月日时四值使者以及功曹等神，有些是铜铁造像，有些为泥塑木雕。相传唐代名将尉迟敬德屯兵甘谷时，为振兴佛教，遂重建北街报恩寺，监修殿宇，塑立诸佛菩萨圣像，同时整修经卷，并且在寺内花坛种植牡丹、国槐、桑杏杨柳等花木。据清乾隆三十五年（1771）刊行的《伏羌县志》（清伏羌知县周铣修订叶芝编纂）指出，北街报恩寺，创建于公至正元年（341），明成化年间（1465～1488）重修，乃当时"邑人朝贺重地，须常保持严整洁净"。北街报恩寺是甘谷县佛教胜地，原为临济宗佛教中心，历代高僧在此阐扬教义。报恩寺山门高5米多，山门内第一层殿一座三间，侍立两尊大力金刚，各持降魔宝杵。第二层殿一座三间，侍立韦陀菩萨一尊，双手合十，捧持降魔金刚宝杵。第三层殿一座三间，内供四大天王，分持宝塔、宝剑、琵琶和宝伞等宝器，足踏三千揭地神。大殿南北分建钟鼓楼各一间，左钟右鼓，下有通道可通内院。第四层是一座八卦楼，楼内山石上，坐着一尊提篮菩萨。每年七月十五日，盂兰盆会之辰，僧俗赈济孤魂，庶士人等为亡故祖先父母报恩超度。楼北是药王庙，院内有一座三间大

山门

斋堂

本继法师

　　本继法师，甘谷县蔡家寺村人，号承斋，1911年1月30日生，1918年初夏在甘谷县东禅院出家。当年冬拜续严法师为师，由圆静法师代续严法师剃度。1927年在陕西草堂寺授具足戒。后随师伯续空法师学习中西药诊疗。1951年由于县城拆除报恩寺，1953年陇西本继法师去酒泉法幢寺再次求授具足戒。归来居住天门山报恩寺。50年念佛不辍，并广植林木280亩。本继法师曾任中国佛协理事、甘肃省佛协理事、天水佛协副会长、甘谷县佛协名誉会长、甘谷县政协委员。于2006年1月16日无疾圆寂。

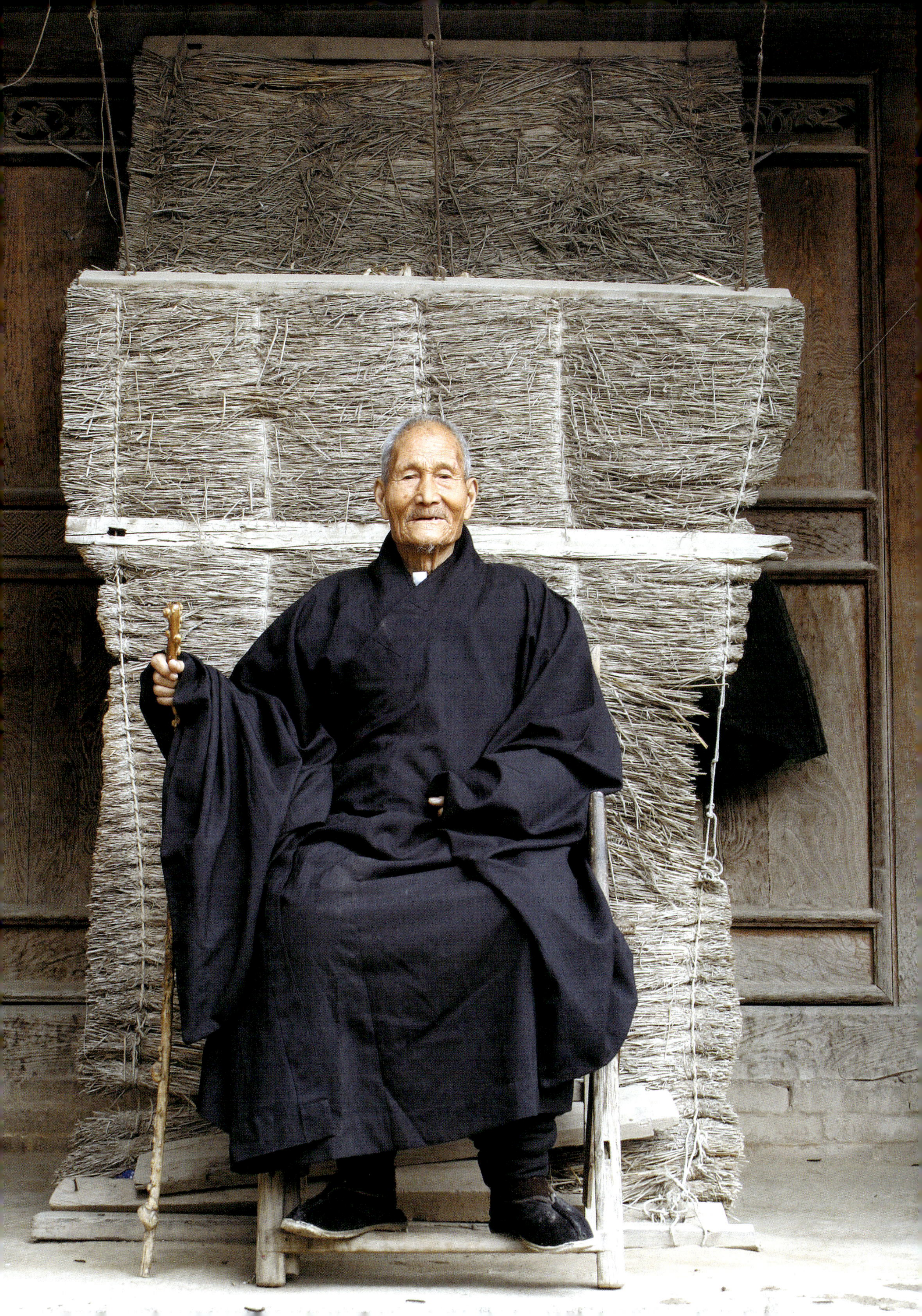

牌坊八字墙"为善乃昌"四字

土地护法殿山门

东岳大帝前殿廊庑

法鼓（宋仁宗天圣年间）

天门山东岳大帝

感应崔元帅、摄魂朱元帅　　　　　　　　　　持玉板保佑王元帅、执笔奏天张元帅

古钟

灶房柴火

僧人日常用具

东禅院历代僧人莲位牌

东禅院历代僧尼莲位牌

明万历十一年维修报恩寺石碑

甘谷大佛　153

雨花台蔡家寺胜景

雨花台胜境——蔡家寺

  东隅藏胜迹，村舍几重烟。
  突阜吞禅刹，长龙逆渭川。
  风起卷草木，柏老护苔藓。
  借问开山者，丹邱不记年。
      ——明·叶应甲

  蔡家寺（正愿寺）位于渭河北岸的新兴镇蔡家寺村东，距县城10公里。寺院北依秀金山，南临滔滔渭河，山下陇海铁路横贯东西。

  据清乾隆三十四年（1769）《伏羌县志·周志》载："蔡家寺创建于元顺帝至正年间。"该寺重修碑记载：明万历十五年（1578）重建大雄宝殿，清康熙三十七年（1689）再次修缮。

  蔡家寺依山而建，坐北朝南。从山脚至半山腰，营造有序，疏朗自然。山门为明次三间，采用单翘无昂五踩斗拱。财神殿为楼阁式建筑。还有三国殿、菩萨楼、文昌阁、大雄宝殿、祖师殿、伽蓝殿、讲经堂等。三国殿内绘有三国题材的壁画120幅。寺内大小建筑30余处，均为清代所建。与甘谷其它古建不同的是全部建筑均采用悬山顶式营造，清代风格明显。

  寺内现藏有明代天启七年（1627）的木刻经板220块，其中有《金刚经》、《弥陀经》、《观音经》、《孔雀经》、《地藏经》和《三官经》等六种经卷木刻版。另有明清两代版本的佛经抄本100部以及弥勒佛、释迦佛、千手菩萨、罗汉、观音等铜像，以及道教八仙铸像两尊。寺院于2003年被甘肃省人民政府批准为省级文物保护单位。

  2003年春，觉融法师发大弘愿，主持新建大雄宝殿，在原寺院后面山下选地1063.6平方米用于修建大殿，现已建成大殿面积553.8平方米。殿内供奉释迦牟尼坐像，为甘谷县第一大铜佛像。寺院于2009年农历六月初九日举行了大雄宝殿诸佛菩萨圣像开光仪式。

石阶

蔡家寺（正愿寺）住持觉融法师

　　蔡家寺住持觉融法师，字净智，号证道，俗名孝义，甘谷县六锋镇苍耳王村人。1980年，礼大像山永明寺本逢大和尚为师，受诲二年。1981年秋，在山西五台广宗寺清海大和尚座前受具，2003年春，发大弘愿始建正愿寺大雄宝殿。2009年6月9日开光，现任甘谷县佛协会长、甘谷县政协委员。

清　巩建丰《伏羌县志》所载"蔡寺晚钟"图

明清楼阁殿宇

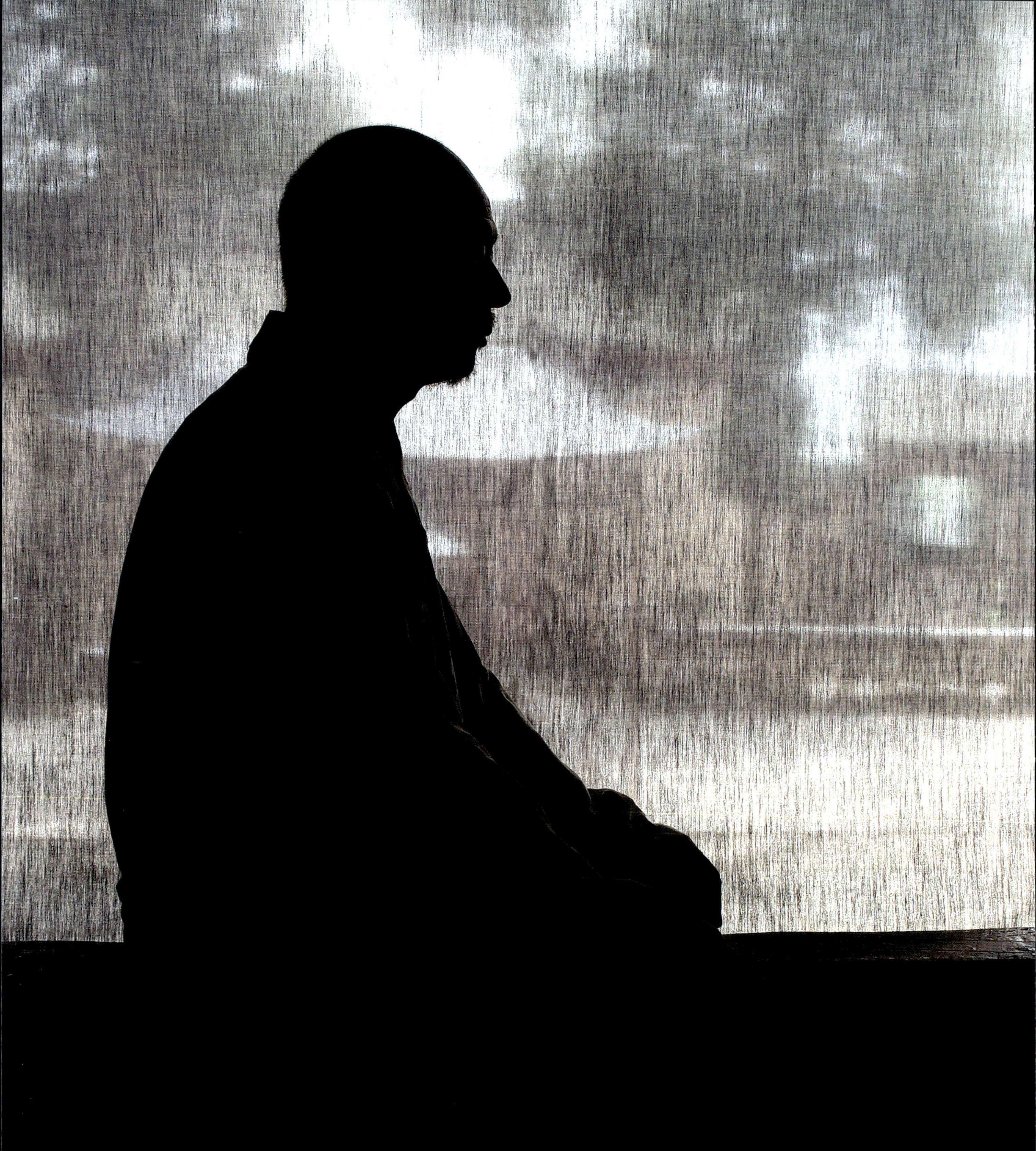

雨花台蔡家寺藏明代木刻版佛经

蔡家寺村雨花台山门

旧大雄宝殿外景

雨花台蔡家寺明代木刻经版

旧大雄宝殿廊庑侧壁砖刻

旧大雄宝殿雕梁画栋

旧大雄宝殿匾额

大雄宝殿明清风格木构   天王殿

旧大雄宝殿廊庑侧壁砖刻

法器螺、钹

新建大雄宝殿

新建大雄宝殿大行普贤菩萨坐像　　　　　　新建大雄宝殿大智文殊菩萨坐像

新建大雄宝殿释迦牟尼佛铜像

新建大雄宝殿大悲观世音菩萨圣像

千佛灯祈福

西殿阿弥陀佛铜像

左二文殊菩萨　　　　　　　　　　　　　　最左文殊菩萨

主尊黄文殊菩萨 　　　　　　　　　　　　　白文殊菩萨

左二文殊菩萨 　　　　　　　　　　　　　　最左文殊菩萨

西殿千手千眼观音菩萨铜像

农历四月初四大智文殊菩萨圣诞须弥大供

曼茶供

大吉祥天女青铜圣像

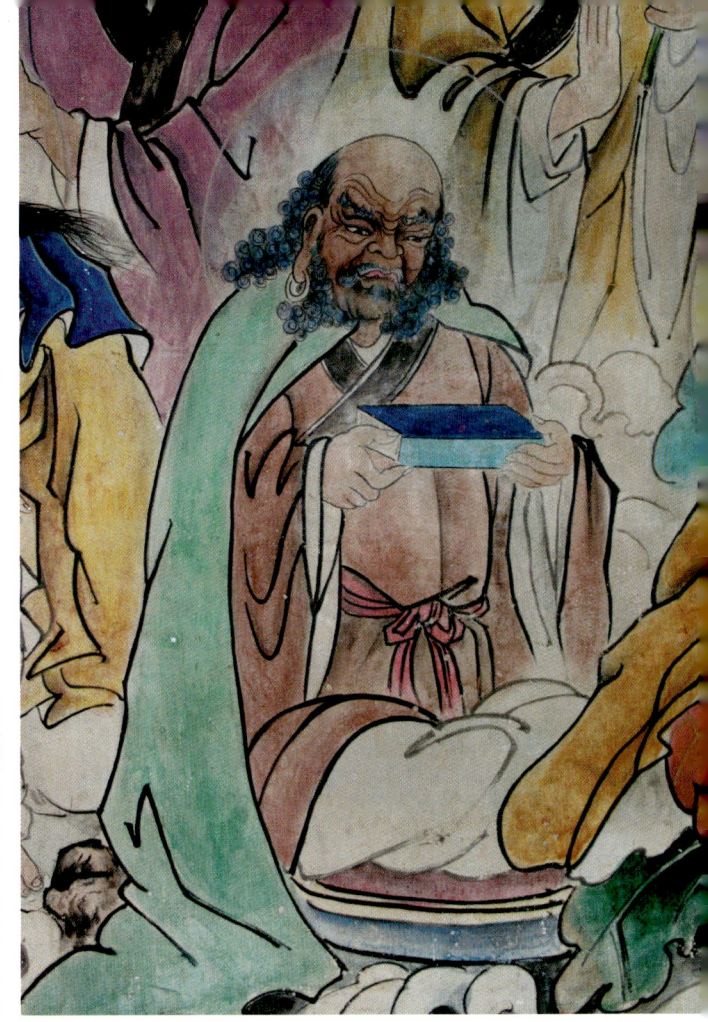

海渊寺南殿罗汉壁画

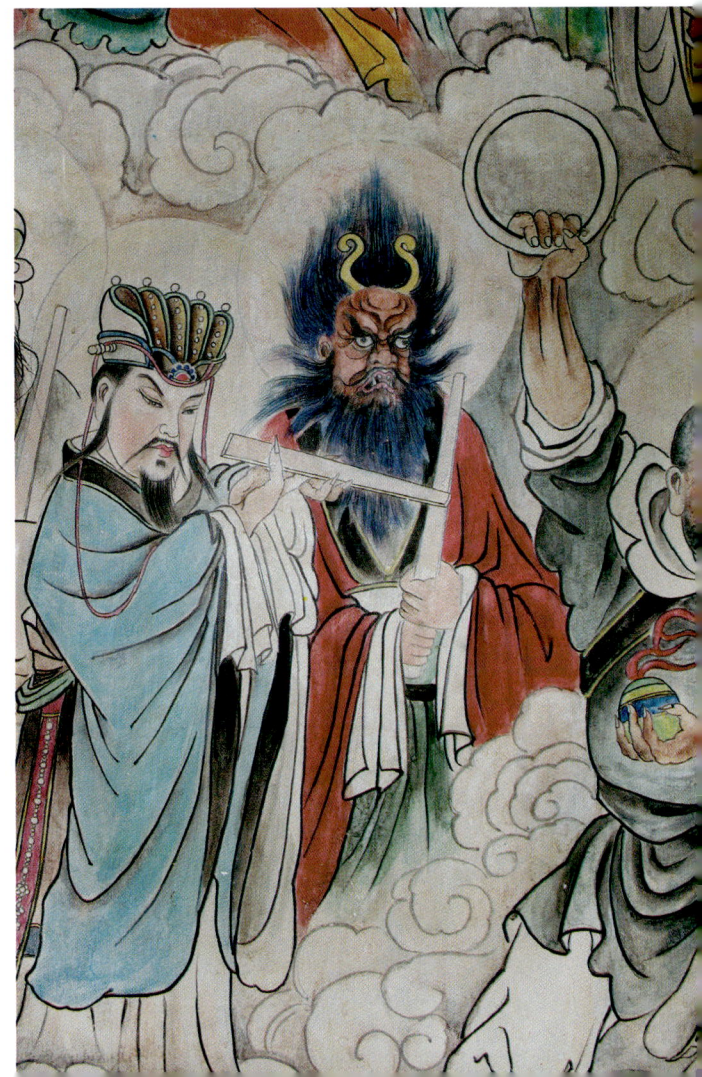

山门外景

像山白云——普济寺

亦称观音寺，在大像山南五里白云村。明天启年间（1621-1627）建。寺前有池，旧时逢旱百姓多往祈雨。寺内原塑有观音等塑像，文化大革命期间遭毁坏。近几年村民自筹资金重修山门、殿堂，并恢复塑像。每年农历二月十九举行盛大法事活动，县内居民及香客朝拜者甚多。

大雄宝殿外景（主供华严三圣）

山门西侧

偏殿送子观音菩萨新塑像

送子观音菩萨背光上部悬塑百子

第三重院规矩门

甘霖法雨——慈云寺

慈云寺始建于明初（1368~1378）年间，位于甘谷县白家湾乡梁家村。该寺占地八亩，建筑面积2668平方米。殿宇紧凑，香火鼎盛，环境幽雅。供奉观音、文殊、普贤三大士。1985年以来，该寺在妙林法师主持下，曹二林等众会首带领村民和广大信众对殿宇进行全面修缮，寺貌焕然一新。该寺三重院布局。第一重院在山门前，迎面为妙林法师题"禅"字，左右阶梯均为青玉石雕栏杆。第二重院为地藏院，地藏楼凌空飞檐，高达数丈，供奉木雕贴金地藏王菩萨和道明、闵公二位弟子像。壁画为十殿阎罗朝拜地藏。第三重院建有观音、文殊、普贤菩萨大殿，壁画彩绘观音显圣救八难内容。坐北向南有韦驮菩萨殿，坐南向北有伽蓝菩萨殿，其余各殿也塑有护法像。寺内外还建有僧房、禅堂、斋堂、客堂、讲经堂、接待室等。

现常住僧人三名，带领150余名居士朝暮课诵从不间断，每逢朔望及佛诞日举办诵经讲经祈福法会。

慈云寺全景

第二重院山门

第二重院地藏院护法殿

三大士圣像

第三重院护法
（三大士院）

觉皇寺山门

丹墀旭日——觉皇寺

皇眠古刹誉新奇，遂教名寺奠业迹。
穿石飞军骑白马，镇江剽将驾鼇骐。
老槐驻守临千载，细柳连堤阅四时。
壮丽山河呈万象，断云落日晓丹墀。
——邑人·李承旭

　　觉皇寺坐落于甘谷县六峰镇觉皇寺村，原名兴国寺。据《伏羌县志》载："兴国寺明洪武年建"。清同治初年间（1862~1866）历遭战乱，焚毁严重，后重建。现存大殿梁记有"大清光绪十六年（1890）重建"的字样。《觉皇寺重修殿宇碑记》中有"其寺原为兴国寺，始建于宋，所载明洪武二十四年朱元璋十八子朱楩为岷王，楩往岷为王，所经古冀而至圣息。遂易名为觉皇寺"的碑铭。觉皇寺原为一进三院，现仅存后院大殿，余皆毁于文革。大殿座南向北，进深4.07米，最高为5.75米，宽7.13米，长10.85米。寺内有参天唐槐一株，称"老槐抱新孩"。相传唐王李世民巡视西域，途经冀城，曾在此住宿一夜，并亲手栽植了此槐。古槐至今已逾千年，枝繁叶茂，树径需五人环抱。主干上有六条分枝。蜿蜒伸曲，犹如六条腾起的巨龙。远远望去，在唐槐树荫遮掩下的觉皇寺，显得十分幽静。

　　重修觉皇寺殿宇碑文：

　　邑东二十华里。岗峦起伏。林岫参差遍生青丛。冬夏常蔚然。兴国山南麓有圣迹觉皇寺。北临渭水。面对八卦山。东有黄羊堡。并接鼍峰旭日。西望朱庚晚霞。物华天宝。人杰地灵。其寺原为兴国寺。始建于宋。所载明洪武二十四年。朱元璋封十八子朱楩为岷王。楩往岷州。任所

石雕

经古冀而至圣寺憩息。遂易名为觉皇寺。寺内正殿塑华严三圣像。廊庑齐备。有文字记载之前。溯源尚古。可直至唐代。因一株千年古槐至今犹屹立庙院。古寺环山抱水有钟灵之气。游僧高士多来此驻足。清代有称皇经王爷道号爽灵道人王永灵者在寺内坐化。诚尘寰之胜境。欲界之净居。然前数十年历经浩劫。佛像殿宇尽毁。时政通人和。百废俱兴。首事人黄友淮。李保全。黄世昌。巩富爱。巩旺真等。爰招乡望全体村民共结胜因。复举鼎力。更益善事。凡属同仁。各发虔诚。霜露年深。丹青岁古。爰剪茅茨。聿修栋宇。首事诸君黾勉从事。不敢辞劳。鸠工于己巳秋。竣工于乙亥夏。凡六春秋。大殿三大古佛。西廊三官。东廊三萧（霄）。对面韦驮。西北值（赤）沙龙王。东北土地神。前院正殿财神。原有塑像至今已全部恢复。余亦快睹同人之永结善果也。是为之记。

唐代槐树躯干中容长幼
八人仍不嫌挤

寺中唐代槐树

观音殿

盛金黛岑——南山寺

南山寺位于甘谷县大石乡盛金山付家堡，据民国七年（1917）匾额记载，始建于明末清初。占地面积6亩，建筑面积1600平方米，民国八年（1918）邑人募资重建。1980年至1988年先后修缮了北正殿送子观音菩萨大殿，东偏殿三霄宝殿和西偏殿黑池龙王殿，2005年建成了山门。该寺古柏参天、独占奇峰，钟鼓梵音，十里萦绕，与北山涌泉山八海龙王殿遥相呼应，与清溪河弘化寺形成南北两山汇于一河的气势。

山门

南山寺故址

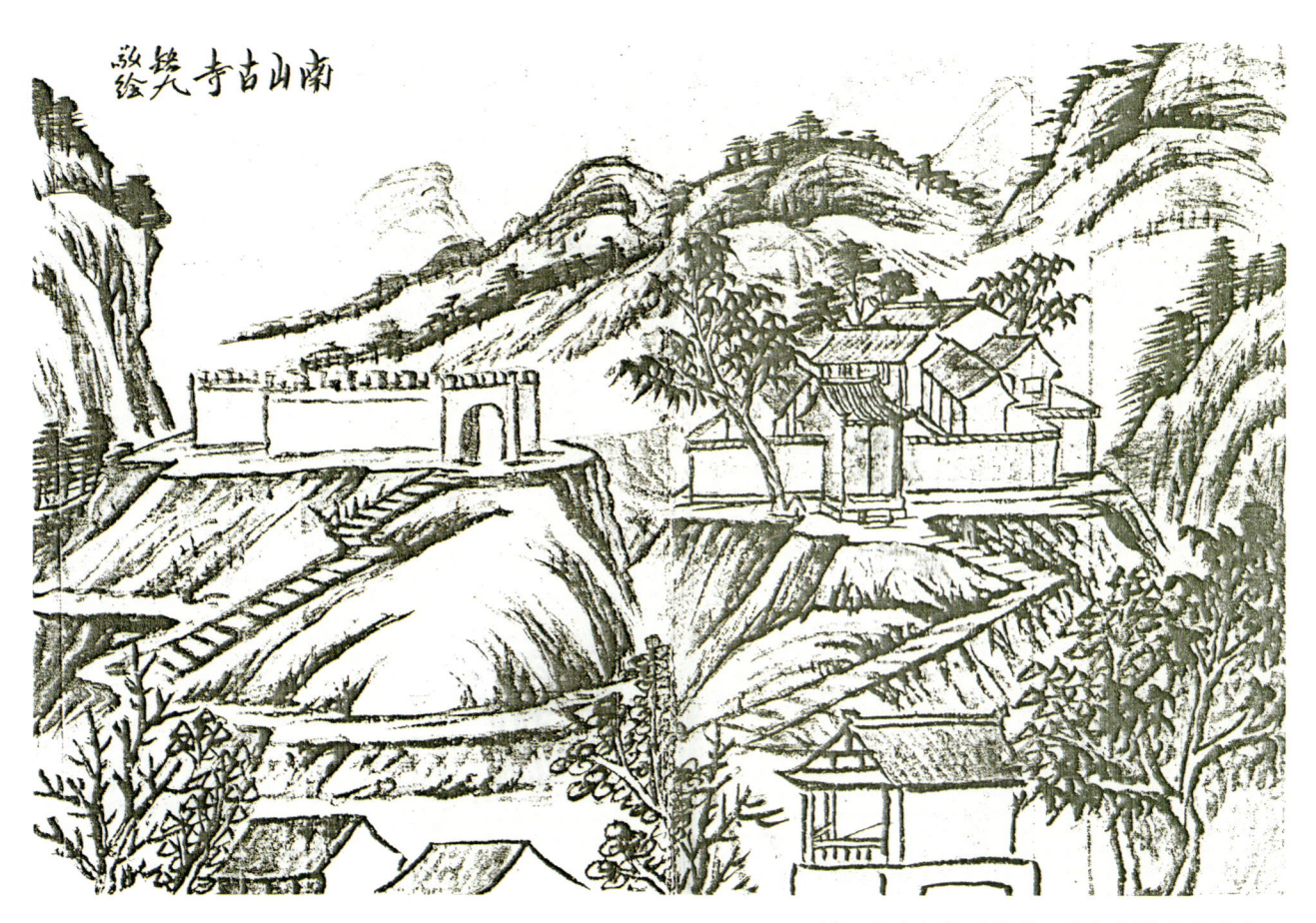

清　巩建丰著《伏羌县志》所绘南山古寺图

护法殿壁画

护法殿壁画

观音殿右侧护法像　　　　　　　　　　　主殿廊庑壁画

青莲寺远眺

青灯古佛——青莲寺

青莲寺位于甘谷县西坪乡湾儿河村，据《甘谷县志》记载，始建于北周明帝年间（558~573）距今已有一千四百多年历史。寺内有石造七级像塔、石造像碑等文物，具有很高的考古和佛教艺术价值。群山环抱，山麓相拥，河水环绕，绿树成荫；琉璃脊兽、飞檐画栋掩映其间。

青莲寺具有相当规模。据清光绪十五年《重建青莲寺院序》记载："寺之正殿有三佛二菩萨之像，次殿中间有无量韦驮之庙，次殿两旁有圣母、关帝之庙，又次旁有龙王庙以为副二，对面有凤台楼以为锁钥，不诚为人民福护之区。"历代屡经修缮，尤其在明万历、清雍正、道光年间，重建规模较大，保存了历史建筑风格。从1980年4月以来，依照历史建筑格局进行了维修。寺院坐北朝南，为一长形院落，总面积约40亩，由北向南依次建有大殿、二殿无量韦驮殿、天爷楼；东西两旁依次建有观音殿、地藏殿、关公殿、三霄殿、药王庙和钟、鼓楼及龙王庙，并修缮寺院围墙，新建僧房33间。寺院山门屹立于七十二级台阶之上，前辟广场，建有戏楼，旁建僧房24间。寺院整个建筑雄伟壮观，布局合理，错落有致。寺周栽植了玉兰、樱花、香花槐、松柏等各种树木三百余亩。

五级塔石刻造像

无量殿

秋涛古韵——黑潭寺

黑潭三叠
安履祥

江瀑级无数，
飞流所取高。
潭深不可测，
碧水鸣如嗥。
絮浪奔银线，
雪球滚石槽。
静观深自得，
独立唱秋涛。

　　黑潭寺位于甘谷县城南35公里的古坡乡石鼓山下，籍河上游。寺院隐于潺潺小溪之畔，葱葱林木之中，四周环山，曲径通幽。寺西有乌龙江曲回东流，并在此聚水成泉，叠为三潭，潭深莫测，泉虽清而底难现，称"黑三潭"。

　　黑潭寺初建于元至正元年，明时重修，清代曾有一道人居住炼丹。寺中有大雄宝殿，内塑三世佛和十八罗汉。殿前有两棵高达百米的苍松，其北侧有歇山顶建筑关帝庙。殿西北侧有一耸起的豹皮岩，形状如锥，名曰尖山，其上祥云缭绕，古柏参天。山腰间有太极宫，亭式建筑，玲珑剔透。亭的北侧悬崖上有"回心石"，"通天桥"、"蹉踢桥"等数处刻石。山尖上原有一亭，为明代建筑，残垣尚存。

　　黑潭寺傍山取势，望石鼓而显神奇，聚险绝而汇游人，揽其胜境，叹羡之声不绝于耳，堪为古冀佳景之一。

黑潭寺山林

大雄宝殿（供奉释迦、弥陀、药师三方佛）

乌龙江曲回东流

无量殿外景

2005年7月 永明寺方丈本逢法师、侍者昌文与原副县长李爱菊在黑潭寺僧房用斋

僧房

伽蓝殿伽蓝菩萨像

清　古佛灯

无量殿护法

伽蓝殿侍从关平

无量殿护法

周仓

南山寺菩萨殿外观全景

南山屏嶂——磐安三寺

三寺位于磐安镇南山屏嶂，背依南山公园，四周树木苍翠、花果飘香；山清水灵、风光秀美。东临大像山、西接水簾洞，三寺并为丝绸古道上宗教名胜。

南山寺

据史记载："南山寺建于清代康熙年间"。寺院为回廊式三层三院，下院为纯阳殿，左右两侧为僧房，中院为无量祖师殿，上院为三大菩萨殿、天王殿。向东一百米处为协通寺，二百米处为龙岩寺。

协通寺

协通寺原建于清代中期，位于南山寺和龙岩寺之间。其寺院宽敞，建筑宏大，南面主殿为玉佛殿，北面为三圣殿，东面为地藏殿，佛事延绵，香火旺盛。

龙岩寺

龙岩寺原建于清代中期，四周有明清古柏，山门前有千年石猴，寺藏有清代瓷器。主殿为观音殿，两侧僧房，寺院古色古香，佛事兴盛。

南山寺碑文　　　　　　　　　　　赵朴初先生题南山寺碑

南山寺纯阳殿壁画

协通寺慈云殿外景

老物件石猴

龙岩寺清代山神小龛

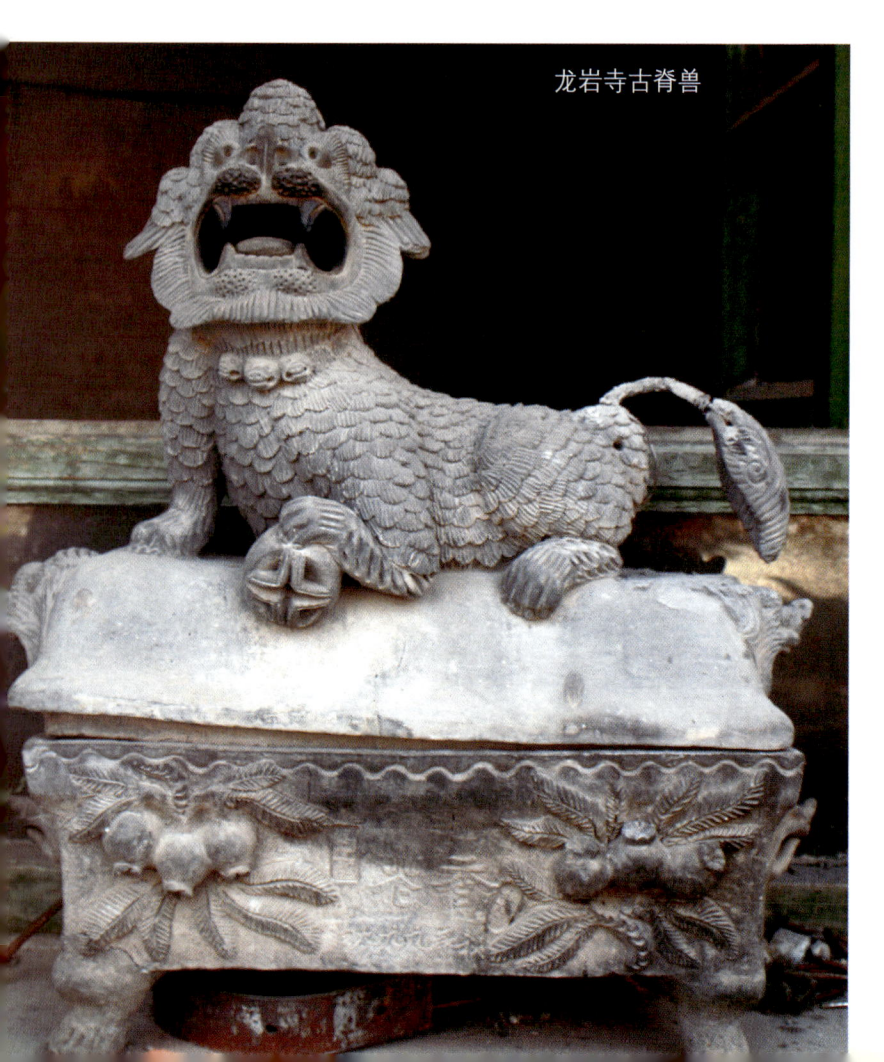

龙岩寺古脊兽

龙岩寺保存的清代康熙、乾隆年间民窑瓷器

龙岩寺观音殿壁画

清　观世音菩萨造像

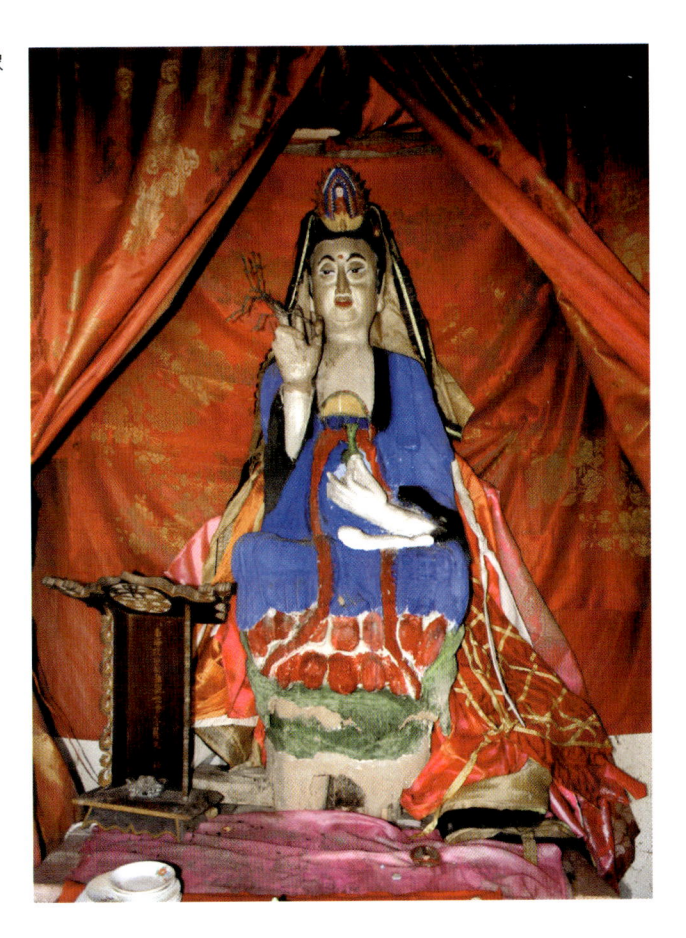

观音殿壁画西侧全图

甘谷大佛　219

清　山神、土地护法神木案

弘法化生——弘化寺

>   祇园宝地弘大法，灵山圣地演慈悲；
>   梵宇重兴心灯炳，妙境呈辉日月光。
>   ——凌海成

弘化寺位于清溪河中游与支流赵家沟水相汇之处，南承盛金山南山古寺，北接涌泉山八海龙宫，东邻青龙山玉佛寺，西临珠莲寺九天观，群山合拥，河流环绕，钟灵毓秀，千祥云集，香火鼎盛，清净庄严，远近闻名。

弘化寺始建年代久远，相传建于元末，原址在今址北三百余米处，屡经兴废沧桑，清初择地南迁百米，清末三迁而建，1983年至2005年修葺复建，占地十余亩，主殿供奉华严三圣和观音、地藏菩萨圣像，释迦牟尼佛坐像高2.9米、宽1.2米，乘青狮文殊菩萨、乘白象普贤菩萨坐像同高1.76米、宽1.6米，净水瓶观音菩萨和五佛冠地藏王菩萨站像同高1.76米、宽1.6米。诸佛菩萨圣像系秦川彩塑严饰。于2005年古历9月圆满举办了首届消灾祈福延寿超荐大法会及民俗文化节活动，时任《佛教文化》主编的凌海成先生，平凉市佛协会长、崆峒山法轮禅寺主持妙林法师，五泉山浚源寺释理乐法师等大德法师发来贺电赞欢，并赋诗作偈以助法会，远近寺观僧尼居士盛集缁素虔诚助行，诸佛菩萨现身，护法龙神降临，众善普会法筵殊胜。弘化寺已经连续举办了六届消灾祈福延寿超荐大法会及民俗文化节活动，成为清溪河流域著名佛教寺院。

>   法宇宏开天花散彩，慈云永护贝叶成文；
>   发慈悲心物我无间，是清净地轮换一新。
>   ——释妙林

近年来，永明方丈本逢法师和侍者昌文法师、正愿寺住持觉融法师和侍者寂林法师、文昌阁觉涵法师和昌兴法师、严代法师、隆祥法师、海渊寺住持海阔法师、柏林寺住持昌延法师祇园精舍昌正法师、慈云寺住持胜慧法师等和县道协十余名乾道助行法事。

释迦牟尼佛圣像

大智文殊菩萨圣像 　　　　　　　　　　　　　　大行普贤菩萨圣像

净水瓶观音菩萨站像　　　　　　　　　　　　　五佛冠地藏王菩萨站像

甘谷的寺院大多建于悬崖上

梵音法语——楹联诗词

题华盖寺壁
　　明刑部员外郎　杨继盛

望驰三塞外，身在半天中。

回首长安近，如何云雾朦。

游蔡家寺
　　明邑令　吴应期

古刹穿云入，恍疑天际头。

浮生闲半日，胜地纪千秋。

雪岭当窗见，秦川入槛流。

世尘飞不到，即此是丹邱。

游双明洞
　　明邑岁贡　杨复春

蜿蜒仄径上，绝顶入双明。

野犬云中吠，山岚洞口横。

三生曩那悟，一线渭流清。

示我空色相，静听传谷声。

登大像山
　　清邑令　周　铣

万山祖昆仑，支裔如析木。

巨灵舒半臂，移来小天竺。

直竖千仞高，横亘一峦矗。

平立睨天门，向背见腰腹。

嵲巀群岫中，千里归结束。

上界辟鹦林，真源佳气独。

暇日得跻攀，肩舆止平陆。

宛转蹑龙脊，崎岖登云麓。

临崖一眺望，遥天开画轴。

四围俨列屏，尽向北山伏。

俯首瞰平川，町畦共联属。

天雨新麦苗，油然殊众绿。
渠水活且盈，一线通盘曲。
整衣礼旃檀，再拜愈齐邀。
他福非有邀，丰年是所祝。
吾蜀饶名山，峨眉未登瞩。
嵩华心徒想，匡庐耳亦熟。
何幸山水绿，遇兹畅所欲。
一年两陟巅，佳景饱经目。
山花袭我衣，归来尚馥郁。
静夜涤烦嚣，疑在峰头宿。

大像山题壁
邑人 彭昌运

野旷孤烟静，岳麓独望时。
地残隗王址，天阔羲皇祠。
岚深云不竟，崖阴花发迟。
世味一何苦，南雁寄相思。

天门春晓
邑人 骆继宾

谁到天门谒见天，三峰耸峙碧云连。
万家烟火凝目近，百里山河举步前。
绿水朱山花点翠，白梨红杏锦生妍。
春风一荡融合后，拖得物华显渭川。

渭水秋波
清邑令 侯新严

放眼晴川一色秋，当亭水绕自东流。
谁从鸟鼠探源返，旧有蛟龙破浪游。
岸柳萧疏村赛社，江萍宕漾月移洲。
清泉会我鸣琴意，灌溉田渠万顷收。

悬崖大像
清邑人 魏观象

洪蒙元气结斯缘，化出金身十丈悬。

绝顶圆光飞日月，凌空法相俯云烟。
河流带束纹波小，旗鼓峰高缨络连。
狮吼何堪空谷听，万千气象逼诸天。

堰渠流玉
魏观象

闲来沙口踏莎行，眼底琤琮水气浮。
自笑此间无热客，才知人世有清流。
一川支派羲皇远，百里膏腴郑白留。
叹息倾昆迂作计，错从境外觅浪球。

岸柳垂金

东风二月荡兰桡，金缕依稀认浮桥。
羌笛催黄连嫩叶，渭城浮白送征轺。
光侵沙路何劳拣，影入溪波动欲摇。
切嘱行人休折取，珍惜春色满条条。

罴峰旭日

浴罢扶桑树拂红，蜿蜒山势独凌空。
峰奇如负铜钲出，彩彻先看石堡烘。
远岸波明鸡唱后，朝阳景想凤鸣中。
只疑日观飞罴岭，认指河流是海东。

魁阁凌霄
骆 英

巽位魁光映碧天，峰连古岳瑞烟联。
楼高霄汉风云会，阁入紫微星斗口。
笔蘸银河生锦绣，才量玉斗任衡权。
扶摇直上蟾宫路，折取桂枝月殿还。

朱圉晚霞

南山朱圉薄云天，晚眺层岗色倍妍。
日落一肩樵弄笛，霞流半壁瀑飞泉。
松花黄熟新霜染，杞子红稠绝壑悬。
大禹神功传斧凿，于兹钟毓泽绵芊。

丁丑登大像山谒大佛

削壁千寻妙相庄，凿空丈六现辉煌。
云端每出扶人手，尘路常开济世肠。
雨过峰头慈悲泪，月来天上慧明光。
天边苦海岸何处，愿为沉沦借渡航。

游大像山

民国甘宁青监察使　高一涵

尺五连天大像楼，一川景物望中收。
松横钗股攒天盖，风卷物华辊白球。
百丈悬崖陈色相，万峰倒影插灵湫。
前途好自留余地，不待云封即转头。

浴佛节登大像山

邑人　宋荣熙

乡村四月艳阳天，大像山前斗绮筵。
携酒踏花人浩浩，披襟摇扇腹便便。
惊心紫陌张纹锦，拂耳黄莺乱管弦。
尘世闲然千万斛，一游一豫意超然。

甘谷行

张举鹏

风光到处尽堪夸，一带家山兴未赊。
红雨成帘迷远近，绿萝如画见桑麻。
啼莺过水仍栖树，乳燕衔泥半带花。
此去南楼多旧雨，可能细品雨前茶。

药王庙联（之一）

李则广

药以疗疾勿之可也，诚正一脉，判开人关鬼关，细细察来，偏方总是用不得；
王能造命，禀其然乎，中和两丸，包管已发未发平平服去，《素问》到底莫有差。

药王庙联（之二）

从有恒得手，疲癃残疾，歌呼千岁，化已成乎？谁知还在犹病天下；
以不忍为心，金石草木，秀吐三春，术无他也，自在常怀将入井中。

巽山文昌阁联

清邑进士　任廷飏

峰枕天门，戴筐珠彩联星塔；
芒腾霄汉，点笔云章灿井垣。

东禅院花圃联

为邀月影重开径；
恐隔花香半下帘。

觉皇寺关圣殿联

邑人　李蔚起

炎运竟难回，往事只堪问伯约；
丹心同不老，遗踪犹来访汉升。

大像山大佛殿联

民国天水　冯国瑞

矫绝凿鸿蒙，我为朱圉探禹迹；
大千窥净土，人将法相比邠州。

大像山伏羲殿联

麦　祥

后天地而生，朱圉犹堪寻圣迹；
立帝王之极，白云常此护灵光。

亮江寺财神殿联

只有几文钱，你也求，他也求，给谁是好；
不作半点事，朝来拜，夕来拜，教我为难。

法师简介

甘谷籍僧人在全国各丛林中多有建树,今择一二代表者介绍如下:

演觉法师简介

　　演觉法师，俗姓张，1956年4月25日生于甘肃省甘谷县。自幼聪颖好学，并有学佛与出尘之念。

　　1982年1月，礼陕西长安香积寺常慧法师剃度出家。

　　1983年3月至1985年7月，法师参加了在陕西西安大兴善寺举办的僧伽培训班，任班长。1985年8月至1987年间，参加了由北京广济寺方丈正果法师主办的僧伽培训班，任班长。1988年，被时任北京广济寺方丈的明旸法师任命为该寺副寺，并于次年9月在上海圆明讲堂接明旸法师临济正宗第四十二代法脉。1990年8月，演觉法师赴上海龙华寺受具足戒。1993年被明旸法师任命为北京广济寺监院。2006年11月，经寺院大众推举，荣膺北京广济寺方丈至今。演觉法师是中国佛教协会第六、七届常务理事，第八届副秘书长；2004年6月任中国佛教图文馆副馆长；2006年，当选为北京市西城区人民代表，2012年连任。

　　演觉法师是出自甘谷的杰出人物。

妙林法师简介

　　妙林法师号多闻，俗姓曹，1967年正月初一出生于甘肃省甘谷县白家湾乡梁家庄村，小学文化。1987年9月在甘肃省平凉市崆峒山莲花寺礼持心老和尚剃度出家，1988年9月19日在江西名刹云居山真如寺依一诚老和尚受具足戒。1990年7月回到崆峒山，结茅茶庵寺苦行潜修，同年接任茶庵寺住持，1992年于崆峒山在废墟中着手重建法轮寺祖庭。目前，法轮禅寺在设施和功能上已基本具备十方丛林的规模。妙林法师现任中国佛教协会理事、甘肃省佛教协会副会长、平凉市佛教协会会长、甘肃省政协委员、平凉市政协常委等职。

觉凯法师简介

　　觉凯法师，1963年生于甘肃省甘谷县十里铺乡白云村（现甘谷县大像山镇白家滩），李氏子，俗名福林，法名觉凯，号印心。1979年秋季，投甘谷天门山依上本下济师父出家。1990年秋季，应宁夏银川市海宝塔寺礼请，来本寺任知客、维那、典座、监院。1994年曾任政协银川市委员，同年秋季任宁夏佛教协会理事、常务理事，银川市佛教协会理事、常务理事，银川市青年联合会委员,现任宁夏佛教协会常务理事、银川市佛教协会副会长、海宝塔寺监院。

海正上师简介

　　海正上师系甘谷金山人，生于1957年。于1982年出家西山五台，在清海大师足下修学，并任该寺当家多年。1991年秋承师点化来天水重建净土寺。他宏愿巨构，历尽艰辛，仅二十年，净土寺道场即初具规模。1996年任麦积区和天水市政协委员至今。

后记

　　这本书从1998起心动念，至今已经十四个年头了。事情缘起于演觉法师从北京请一些专家学者到甘谷考察，希望能进行文化扶贫。考察成员之一的凌海成先生时任职中国佛教协会，当时正在筹备《佛国麦积山》大型画册的拍摄工作，此项目由著名摄影家卢援朝先生主持。在中国佛教文化研究所负责人李家振先生大力支持下，凌海成同时开始了《甘谷大佛》画册的拍摄工作。麦积山石窟与甘谷石窟地域相邻，且同属一个石窟文化圈，因此，计划中《甘谷大佛》是《佛国麦积山》的姊妹篇，二者篇幅相当。当时甘谷主管文化的李爱菊副县长委派大像山文管所王来全所长和县文化局张宁生副局长协助凌海成拍摄并负责撰稿。甘谷的悬崖峭壁、佛窟禅窟、田园村舍都留下了他们的足迹。拍摄结束后，凌海成即被中国佛教协会派往尼泊尔蓝毗尼中华寺工作。2000年，由李爱菊任主编、王来全、张宁生任执行副主编，编辑出版了一本32开96页的《丝路古城》，选用的是凌海成所拍摄的照片。《丝路古城》因受开本和篇幅所限，未能与《佛国麦积山》比肩。此次由文物出版社出版的《甘谷大佛》在图片与内容上虽有先天不足处，但尚可弥补多年的遗憾。

　　《甘谷大佛》的前期文字编辑由甘谷县委台办副主任马高鹏完成，前期图片编辑由美编刘雅萍完成。文字内容主要选用《丝路古城》中王来全、张宁生所撰写的文字。王、张二位亦在《甘谷大佛》中担任编委。

　　特别要感谢的是中国佛教协会副秘书长、北京广济寺方丈演觉法师，由于他的因缘，中国佛教协会三任会长赵朴初居士、一诚法师、传印法师先后为甘谷题写了"大象山"、"甘谷大佛"等墨宝；同样因缘，天津市慧翔集团公司李坡总裁承担了所有印刷费用。演觉法师的朋友——文物出版社苏士澍名誉社长以及本书责任编缉孙霞女士也为这部书的出版给予了大力支持。

　　突然闻悉即将举办建县二千七百周年纪念活动，为作献礼，本书匆匆收尾，错误之处定然不少，诚祈方家批评指正。

　　我们在此谨向所有为《甘谷大佛》一书做出贡献的朋友表示由衷的感谢！

编者

2012年6月